최고의 성과를 내는 몰입 창조형 조직의 6가지 비밀

몰입과
소통의
경영

The McGraw·Hill Companies

The Art of Engagement: Bridging the Gap Between People and Possibilities

Korean Language Edition Copyright © 2010 by McGraw-Hill Korea, Inc. All rights reserved.
No part of this publication may be reproduced or distributed in any form or by any means,
or stored in a database or retrieval system, without prior written permission of the publisher.

1 2 3 4 5 6 7 8 9 10 Gasan 20 10

Original : The Art of Engagement: Bridging the Gap Between People and Possibilities
     By Jim Haudan
     ISBN 978-0-07-154485-6

This book is exclusively distributed by Gasan Books.
When ordering this title, please use ISBN 978-89-88933-92-3
Printed in Korea

최고의 성과를 내는
몰입 창조형 조직의
6가지 비밀

몰입과 소통의 경영

THE ART OF ENGAGEMENT

짐 호던 지음 / 포엠아이컨설팅 옮김

GASAN BOOKS (주)포엠아이컨설팅

McGraw Hill

《균형성과지표》라는 책으로 유명한 카플란과 노턴에 의하면, 전략이 실제로 실행에 옮겨지는 것은 10퍼센트도 안된다고 한다. 또, 갤럽의 조사에 의하면 75퍼센트 가량의 직원들이 직무에 몰입하지 않아 미국에서만 매년 성과 손실액이 300억 달러에 이른다고 한다.

조직 목표달성의 열쇠는 경영자나 관리자가 얼마나 미래를 잘 예측하는가, 또는 새로운 전략을 얼마나 잘 짜는가에 달려 있는 것이 아니라 구성원들이 그 전략을 얼마나 잘 이해하고 몰입하는가에 달려 있다.

몰입없이는 구성원들이 비전이나 전략달성을 이룰 수 없고, 창조활동도 있을 수 없으며, 혁신도 불가능하기 때문에 몰입은 조직의 경쟁력 그 자체를 의미한다고 해도 과언이 아니다.

따라서 최근에는 선진 기업들을 중심으로 조직 구성원의 몰입 문제를 중요하게 인식하고 대처하는 움직임이 활발하게 일어나고 있다. 경쟁력의 핵심이 사람이라는 점에 대한 인식에서 더 나아가 사람경영의 핵심은 몰입이요, 몰입의 핵심은 소통이라는 점에 대해 눈을 뜨고 있는 것이다.

하지만 국내에서는 아직까지도 이러한 문제들을 푸는 방법들이 잘 소개되지 않아 구성원들의 직무 만족도와 조직 성과를 획기적으로 개선할 수 있는 기회를 활용하지 못하고 있는 현실이 안타깝다.

다행스럽게도 이 책《몰입과 소통의 경영》은 경영자와 관리자들이 고민하고 있는 문제인 전략과 몰입의 간극을 소통이라는 방법으로 풀어가는 방식을 실용적 관점에서 자세하게 다루고 있어 경영자나 관리자에게 큰 도움이 될 것으로 생각된다.

이 책은 구성원과 조직 간, 그리고 구성원과 구성원 간의 소통을 가로막는 조직의 장애물들을 극복하여 조직 목표를 함께 이루어가는 구체적 방법들을 소개하고 있으며, 그 한 방법으로 몰입의 장애요인들을 시각화하여 극복할 수 있도록 풀어가는 방법들을 보여주고 있다.

딱딱한 이론 중심이 아니라 실제 사례들이 많이 포함되어 있어 조직 몰입에 대해 고민하여 온 많은 분들에게 반가운 실용적 안내서가 되리라 믿는다. 부디 이 책이 우리 기업들의 몰입과 소통 활성화에 도움을 주어 경쟁력 향상과 경영방식의 선진화에 기여하는 계기가 되기를 기대한다.

포스코 대표이사 사장
최 종 태

　이 책은 구성원이 일과 조직에 몰입하게 하는 문제를 다루고 있다. 조직이 높은 성과를 내기 위해서는 뛰어난 아이디어나 전략이나 기술 등이 유일한 대안이 아니라는 점은 이미 많은 기업들이 경험한 바 있다. 조직의 본질을 이해한다면 조직은 구성원들 간의 협업과 소통을 통해서 구성원 전체의 몰입이 이루어질 때, 지속적 성과창출의 기반이 이루어질 수 있을 것이다.

　매번 연구조사에서 나오는 것처럼 구성원들이 몰입하지 않아서 발생하는 손실은 막대하다. 심한 기업은 구성원 인건비의 거의 반이 효과 없이 낭비되기도 한다. 그럴 경우 구성원의 몰입도를 10퍼센트 높이는 것이 혁신활동을 통한 전체 효과보다도 더 높게 되는데, 기업들은 이런 보이지 않는 부분들을 간과한다.

　왜 기업들은 구성원의 몰입이 중요하다는 평범한 사실에도 불구하고 몰입도를 높이지 못하고 있을까? 이 책은 그에 대한 문제의 원인과 해결방안을 다루고 있다. 이것은 미국인적자원개발협회ASTD에서 여러 해 동안 단골 주제로 발표되기도 한 내용이다. 이 책에서 저자는 구성원들이 조직에 몰입하도록 하기 위해서는 몰입을 가로막는 장애요인들을 제대로 파악하여 해결하는 구체적 방법이 필요하다고 주장한다. 그런데 그 해결책의 독특성으로 인해, 이 책이 인기를 끌고 있다.

이 책에서 다루는 몰입과 소통의 특징을 크게 요약하면 두 가지다. 첫째, 대인관계와 관련된 의사소통보다는 조직 전반의 의사소통을 다루고 있다. 그래서 조직과 팀을 이끌고 있는 경영자와 리더들에게 특히 더 유용하다. 둘째, 전통적인 소통방식이 아닌 스토리, 은유, 시각화라는 새로운 개념을 사용하여 소통효과를 높이는 방안을 제시하고 있다. 스토리와 은유를 통해서 조직의 문제를 형상화하여 경영자, 관리자, 직원들이 쉽게 이해하고 함께 해결하는 방식을 제공하고 있다.

이 책은 이론보다는 수많은 기업들을 대상으로 한 다양한 실제 사례들을 보여줌으로써 몰입과 소통의 문제 해결을 매우 쉽게 이해하게 하는 실용서라고 생각된다. 이 책에서 제시된 경험과 단계적인 방법에서 안내하는 내용을 잘 활용한다면, 조직 내의 소통방식에 특히 효과를 높일 수 있을 것이다.

옮긴이를 대표하여

박 래 효

  사람들처럼 모든 조직 역시 자신만의 이야기를 가지고 있다. 과거에는 어디에 있었고, 지금은 어디에 있으며, 앞으로 어디로 갈 것인지 알려주는 여행과 같이 말이다. 사람처럼 조직이 여행을 하려면 안내 지도가 필요하다. 회사의 전략은 바로 이 지도와 같은 역할을 한다. 전략은 회사의 목표달성 방식을 계획하고 어떻게 실현할지를 알려준다. 성공하는 경영자가 보다 완벽한 전략에 골몰하는 이유도 바로 여기에 있다. 이들은 심도있는 분석, 컨설턴트의 지도, 사외 미팅 개최 등을 통해 만족할 때까지 전략을 수정하고 또 수정한다.

  흥미롭게도 경영자들은 전략이 세우기는 쉽지만 실행은 매우 어렵다고들 한다. 실행과정에서 '실행의 암초'들을 만나는 것이다. 전략 설명회, 전략실행 모니터링 등 많은 조치에도 불구하고 아무런 변화가 일어나지 않을 때는 매우 당황스럽기조차 하다. 이들은 다음과 같은 질문을 던지기도 한다. "1년 전보다 왜 더 나아진 게 없지? 뭐가 잘못된 것이지? 어떻게 해야 구성원들이 이 이슈를 함께 고민하고 참여할 수 있는 것일까?"

  지난 몇 년간, 우리는 실행이 조직의 성공에 큰 영향을 미친다는 점을 목격하였다. 경영진은 완벽한 전략을 세우기 위해 많은 시간을 쓰지만, 실행을 위한 구체적 계획을 세우는 데에는 거의 시간을 쓰지 않는다. 그 결과, 조직목표는 달성이 어려워지게 되고, 꿈은 실현되지 않는 것이다.

이 책은 실행을 위한 방법을 제시하여 조직의 꿈을 이루기 위한 구체적 가이드라인을 제공하기 위한 것이다. 즉 전략 개발 노력들이 헛되지 않도록 실행력을 높여 사업을 키우고 사람들을 활성화할 수 있게 하기 위한 것이다.

그러면 실행을 방해하는 요인은 정확히 무엇일까? 우리는 이것을 '인간과 가능성 간에 놓인 간격(즉 구성원과 전략 간의 간격)' 때문이라고 부른다. 실제로 대부분 조직에서 이 간극은 단순한 간격이 아니라 깊은 협곡과 같다. 가장 큰 도전적 두 개의 협곡은 다음과 같다(그림을 참고하라).

첫 번째 협곡은 조직이 구성원들을 통해 전략을 실행하는 것이 아니라 구성원들을 생각하지 않고 추진할 때 생긴다. 많은 조직들은 구성원들이 실행 준비가 되어있는지 확인도 하지 않은 채 속도에만 급급해 하는데, 결국은 구성원들이 이해할 수도 없는 전략을 추진하곤 한다. 전략을 수행하는 사람이 구성원이라는 점을 잊어버린 것처럼 말이다. 그 결과는 어떨까? '몰입이 결여된 협곡'을 만들어 많은 구성원들이 전략을 이해하지 못해 제대로 참여하지 못하며 실행에서 자신들이 역할이 무엇인지를 알지 못한다. 첫 번째 협곡을 연결하는 방법은 바로 전략과 구성원들을 서로 연결시켜 회사 전략이 구성원 자신들의 전략이 되게 하는 것이다.

두 번째 협곡은 조직이 전략 실행의 구체적 절차가 없을 때, 특히 실행 프로세스에서 구성원들 간의 연관성을 생각하지 못할 때 생긴다. '연결성 결여의 협곡'이 우리에게 주는 교훈은 바로 실행의 구체

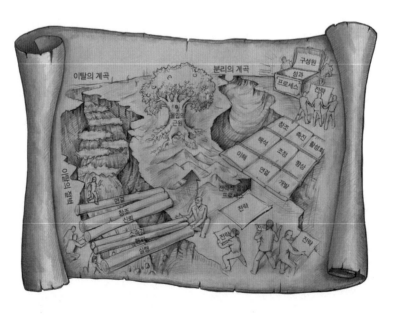

서로 분리되어 무관심한 상태에 있는 사람들을 연결해서 몰입하게 만들기

적 절차가 없거나 구성원들 간의 연관성이 없으면 아무리 구성원들이 전략을 잘 이해하고 수용한다 할지라도 원하는 결과를 이룰 수 없다는 것이다.

　좋은 소식은 바로 이 협곡을 연결하는 다리를 놓는 것이 가능하다는 점이다. 우리는 지난 20여 년간 수백 개 기업들을 도와 직원들을 조직에 몰입시키고 경영진, 중간 관리자 및 일반 직원 등 서로 다른 계층 구성원들을 연결시켜 공동의 목표를 향할 수 있도록 하였다. 이 책에서 여러분은 인간과 전략, 그리고 인간과 인간 사이를 서로 연결시키는 경영방식을 배울 수 있고 자신의 목표를 달성하는 방법도 배울 수 있을 것이다.

루트 러닝사 CEO
짐 호던

차 례

3부

몰입을 이끄는 6가지 비결

4부

전략적 몰입의 프로세스

1부

몰입이란 무엇인가?

1 장

진짜 관중들은
경기장의 분위기에 열광한다

> 66 전략이란 유동적이어서 가장 좋은 기회를 얻
> 기 위해 지속적으로 조정이 필요한 활동이다. 99

나는 평생 클리블랜드 인디언스 야구단의 열렬한 팬이다. 그런데
인디언스팀은 1960년대부터 90년대 초까지는 메모리얼 데이가 채
시작되기도 전인 5월 말이면 남은 경기를 포기해야 할 정도로 형편없
는 성적을 계속 내었다. 인디언스팀의 성적이 너무나 부진했기에 할
리우드에서는 이 팀을 소재로 〈메이저 리그Major Leagye〉라는 패러디
영화를 제작하기도 했는데, 누구도 이의를 제기하지 않을 정도였다.
이처럼 인디언스팀 하면 형편없는 성적을 내는 팀의 대명사나 마찬
가지였다. 그렇지만 불행스럽게도 내 아내 미셸과 세 아이들, 브래
드, 브루크, 블레이크는 나처럼 인디언스팀의 충성스런 팬들이다.

그러다가 드디어 40여년 만인 1995년에 인디언스팀은 클리블랜드
구장에서 월드시리즈(미국 프로야구 챔피언 결정전) 출전 기회를 얻

게 되었다. 경기 당일 우리는 두말할 나위 없이 경기장 문이 열리는 순간 가장 먼저 입장하였다. 경기장의 분위기는 이미 인디언스팀이 우승한 것처럼 모두가 흥분하였고, 열기가 고조된 나머지 경기가 잘 진행되기 어려울 지경이었다. 우리는 똑같은 색상의 유니폼을 입고 함께 응원하며 42,000여 명의 야구팬과 하나가 되었다. 우리는 모두 경기에 푹 빠져 열광하였으며, 자신도 모르게 하나가 되어 인디언스팀의 승리를 위해 열띤 응원의 함성을 보냈던 것이다.

관중석은 여덟 살 먹은 꼬마에서부터 팔십세 노인에 이르기까지 모두 오늘의 경기가 어떻게 될 것인지에 대한 이야기들로 차 있었다. 인디언스팀을 응원하는 모든 사람들은 상대팀의 첫 투수가 어떻게 던질 것이고, 누가 첫 번째 구원투수로 나올 것이며, 대타자는 누가, 언제 나설 것이며, 누가 도루할 것인지 등도 빠지지 않았다. 이 흥미진진한 이야기에는 첫 경기뿐만 아니라 이번 월드시리즈 전체가 어떻게 돌아갈 것인지도 포함되어 있었다. 모든 관중들은 숨죽이며 40년 만에 열리는 클리블랜드 구장의 월드시리즈를 지켜보고 있었다.

경기가 시작될 무렵, 난 우리 일행을 확인해 보았다. 나의 가족과 이웃 몇 명, 그리고 고객인 메르세데스벤츠Mercedes-Benz에서 나온 독일인 두 명이 관중석에 한 줄로 자리를 잡았다. 잠시 후 인디언스팀의 수비로 경기가 시작되었다. 투수가 연습을 마치고 첫 투구를 하려는 순간, 우리는 자리에서 일어나 목이 터져라 응원을 하였다.

바로 이 때였다. 독일에서 온 나의 고객이 내게 혹시 핫도그를 살 수 있는지 물었다. 나는 놀란 시선으로 그를 바라보았다. 그때 내가 무슨 말을 했는지 기억나지는 않지만, 아마 이렇게 말했던 것 같다.

"예? 핫도그라고요! 지금 월드시리즈에서 첫 번째 투구가 시작되고 있습니다. 월드시리즈에서요! 그것도 첫 번째 투구란 말입니다. 이보다 더 큰일이 어디 있겠어요. 우리 꼬마들이 오늘밤을 얼마나 기다렸는지 아세요. 오늘 처음 이 경기를 볼 기회를 갖게 되었어요. 미안하지만 그냥 경기를 보시면 안 될까요?"

그러자 독일인 고객들은 나의 이런 흥분된 모습에 좀 당황해하는 것 같았다. 그 후 3회가 시작되자, 옆에 있는 내 이웃 중 한 명이 내 어깨를 두드리며 말했다. "난 이제 알 것 같네." 나는 되물었다. "뭘요?"

예? 핫도그라고요!

"자네가 독일 고객들한테 하는 말을 다 들었어. 자네 말들이 모든 것을 말해주지." 내가 무슨 말인지 좀 자세히 설명해 달라고 부탁하자, 그는 대답하였다.

"현재 이곳에는 42,000여 명의 사람들로 가득 차 있지. 내 생각에는 그중 41,998명이 이 경기가 어떤 것인지를 알고 있을 걸세. 이 사람들은 야구의 기본 개념과 두 팀의 경기운영 방식을 이해하고 일곱 경기 중 네 번을 먼저 이긴 팀이 우승한다는 것도 잘 알고 있네. 그리고 어떻게 경기에서 이기는지도 알고 있고, 점수가 어떻게 매겨지는지, 심지어는 어떻게 해야 상대팀의 득점을 방해하는지도 알고 있지. 또 이들은 경기 시작 전 클럽하우스에서 감독이 라인업(타격순서) 카드를 작성할 때 이미 경기 전략이 시작되었다는 것도 알고 있을 것이네."

"그런데 말이야. 이 경기를 잘 모르는 사람이 2명이 있네. 그러기에 경기 분위기가 한껏 고조된 클라이맥스에서 이들은 경기 상황을 모른 채 핫도그를 살 수 있는지 물어본 걸 거야. 그것도 인디언스팀의 열렬한 팬인 자네한테 말이야. 경기를 구경하는 것과 경기에 몰입하는 것은 다르지. 자네는 흥분 속에서 경기를 만끽하고 싶어하지만, 독일에서 온 손님들은 그저 흥미로운 이벤트나 축제로 보일지도 몰라. 그래서 큰 의미를 못 느끼는 것이지. 이 일을 보고서 나는 조직 구성원들을 일에 몰입하게 하려면 뭘 해야 하는지를 알게 되었다네."

이 말을 듣는 순간 난 깨닫는 게 있었다. 대부분의 조직은 클리블랜드 경기장과는 반대의 상황을 겪기 때문이다. 즉 대부분 조직에서는 41,998명의 구성원들이 자기 회사 비즈니스가 어떻게 돌아가는지를 잘 모른다는 것이다. 이들은 비즈니스의 큰 그림이 무엇인지, 자기 부서가 어떤 상태에 있는지를 잘 모른다. 게다가 고객의 니즈needs가 변화하여 기존의 가치나 장단기적 이슈들이 바뀌는 것도 모른다. 장단기 이슈들 간에 균형을 이룬다는 것은 조직이 월드시리즈와 같이 큰 경기에 출전할 것인지 아니면 단지 몇 개의 경기를 이기는 데만 치중할 것인지를 결정하는 것을 의미한다.

41,998명의 구성원들은 조직이 성과를 어떻게 매기는지, 현재의 조직성과가 어떤지를 알지 못한다. 이들은 또한 회사에 돈이 얼마나 들어가고 나가는지에 대해서도 깜깜하며 자신이 조직의 재무성과에 어떤 도움을 주는지도 모른다.

이들은 또한 회사 전략이라는 것이 야구 경기처럼 시작 전에 홈 베이스에 있다가 목표물을 기다리는 것과는 다르다는 점을 알지 못한다. 전략이란 유동적이어서 가장 좋은 기회를 얻기 위해 지속적으로 조정이 필요한 활동이다. 모든 상황에 대비해 끊임없이 생각하며 문제를 이해하고 해결하여 전 구성원들이 효과적으로 업무를 수행할 수 있게 하는 것이다.

비즈니스 조직에서는 매일같이 재미있고 마음을 끌게 하는 드라마와 같은 전략적 변화가 있지만 사람들은 여기에 관심을 보이지 않는다. 그 결과 조직에서 중요한 변화가 일어나거나 비즈니스가 클라이맥스에 달할 때 많은 사람들이 핫도그를 사러 나가버리는 것이다. 결과적으로 이들은 조직의 일원으로서 조직전략의 실행에 크게 공헌을 할 기회를 놓치고 마는 것이다.

만약 대부분의 구성원들이 자기 회사의 전략에 참여할 능력이 있다고 생각하지 않는다면 다음 상황을 고려해 보라. 전국 곳곳에서 멋진 축구, 야구, 농구 경기가 벌어지고 있다. 그들은 팀을 짜고 승리할 전략을 세운다. 그리고 자신들의 상태를 수시로 점검하고 언제, 누구와 함께 경기에 뛸 것인지를 결정한다. 또한 자신들의 점수를 확인하면서 팀의 약점을 파악해 최종 승리를 위해 나아간다. 이런 선수들이 말할 것도 없이 바로 경기에 몰입하는 사람들이다.

핵심은 바로 이것이다. 만약 다양한 연령, 다양한 교육을 받은 사람들이 모두 야구팀의 '구단주'와 '감독'과 같이 자기 팀의 운명을 결정할 수 있게 된다면 41,998명의 구성원들도 자기 회사의 비즈니스에 참여하도록 유도할 수 있지 않을까?

몰입이란 팀에게 활기찬 '월드시리즈'와 같은 환경을 만들어 주어 팀원들이 경기에 푹 빠지게 하여 매순간을 놓치지 않도록 하는 것이다. 이 책은 저자가 지난 20여 년 동안 구성원들을 조직의 전략에 몰입시키면서 경험하였던 시행착오와 이를 통해 배운 중요한 교훈들을 다룬다. 이 책은 어떻게 하면 구성원들이 조직의 전략게임에 몰입하여 자신의 이익보다는 조직의 목표를 위해 목이 터져라 응원할 수 있는지를 보여주고 있다.

그렇게 할 수 있는 한 가지 방법이 있는데, 그것이 바로 전략적 몰입이라고 할 수 있다.

2 장

몰입하는 구성원들은
탁월한 효과를 가져온다

    66 진정한 성공 수단은 경영자가 무슨 생각을 가지고 있는지를 포착하기보다는 이러한 아이디어나 이슈를 모든 구성원들이 생생하게 이해할 수 있게 하는 것이다. 99

벽돌공 세 명이 함께 작업을 하고 있었다. 각자 벽돌을 집어 들고 회반죽을 바른 다음 벽돌을 쌓고 있었다. 한 어린아이가 그들에게 물었다. "아저씨 지금 뭐하시는 거예요?"

첫 번째 벽돌공이 대답했다. "난 벽돌을 쌓고 있단다. 보이지 않니?"

이어 두 번째 벽돌공도 말했다. "나는 성당 서쪽의 담벽을 쌓고 있지."

세 번째 벽돌공이 말했다. "나는 하느님의 성당을 짓고 있어. 이 성당은 사람들이 착하게 살도록 오랫동안 감명을 줄 거란다."

이 이야기는 두 가지 핵심을 담고 있다. 즉 접근법과 결과이다. 다음 문제를 생각해 보자.

단지 시간을 때우기 위해 일하는 벽돌공은 누구인가?

단지 맡은 업무만 생각하는 벽돌공은 누구인가?

일에 정말로 몰두해 자기 일이 타인에게 미치는 영향을 잘 이해하는 사람은 누구인가?

벽돌을 쌓는 일과 성당을 건축하는 일은 크게 다르다. 문제를 어떻게 접근하는지에 따라 결과도 큰 차이를 보일 수 있다. 이 책은 그러한 차이를 다루며 사람들을 몰입시켜 더 좋은 결과를 낳는 방법을 가르쳐 준다.

성당을 건축하는 일은 벽돌을 쌓는 것과 근본적으로 다른 일이다.

미래 바라보기

먼저 '몰입'이라는 주제를 다루게 된 이야기를 들려주고자 한다. 우리도 처음부터 몰입을 다루었던 것이 아니라, 어떤 계기로 인해 지난 20여 년간 몰입에 대한 내용을 다루고 있는 것이다.

내가 일하는 회사는 오랫동안 비즈니스 트렌드를 조사하고 그 결과를 책으로 출간하는 일을 해왔다. 산업에 영향을 미치는 사회, 인구, 경제, 조직 및 전략 등 여러 분야의 트렌드를 분석해왔다. 애매하고 어려운 변화들을 발견해서 이것들을 가지고 '주요 트렌드'를 잘 편집하고 기획하였으며 비즈니스에 영향을 미치는 주요 동인을 찾는 데 힘을 쏟았다. 우리는 돈을 벌면서 배운다는 점이 좋았고 때로는 미래학자라 불리는 것에도 힘을 얻었다. 《하버드 비즈니스 리뷰Harvard Business Review》의 편집자였던 테드 레빗Ted Levitt은 "불확실성 속에서 가능성을 보는 사람이야말로 미래를 가질 수 있다."라고 했는데, 우리는 여기서 큰 영감을 얻었다. 그러던 중 갑자기 한 가지 생각이 떠올랐다. 만약 '우리가 보는 것'을 경영자들과 관리자들이 볼 수 있다면 그들은 다르게 행동하게 되지 않겠느냐는 것이다. 모든 이슈는 보이느냐 보이지 않느냐에 관한 것이기 때문이다.

20여 년 전 〈타임즈Times〉에 실린 "단순성이 최고다.Simply the Best"라는 기사가 우리에게 그런 확신을 주었다. 이 기사는 농구선수인 래리 버드Larry Bird와 하키선수인 웨인 그레츠키Wayne Gretzky가 초기에 자신의 분야에서 베스트 선수 축에 들지 못했음에도 불구하고 훗날 훌륭한 선수로 성장한 이야기를 다루는 내용이다. 기사에 따르면, 체구와 기술 면에서 이들보다 출중한 선수들이 많았지만, 이 두 선수는 "단순성이 최고다."를 무기로 삼아, 자신들만의 차별화된 능력인 예측력과 주변을 보는 시야를 키웠던 것이다.

이 사례를 통해서 우리는 뛰어난 성과창조의 비결은 바로 미래를 예측하는 능력이라는 점을 확신하게 되었다. 최고경영자가 미래를 보는 예견력이 있으면 조직의 성공은 보장된다고 확신하였던 것이다. 우리는 이 확신을 검증하기 시작하였다.

처음에는 경영진들을 컨설팅하였다. 글로벌 회사들은 우리가 그들을 이끌 전략을 수립해 주도록 요청하였다. 우리의 임무는 임원들을 도와 과거의 실적 분석보다는 미래 지향적 '전략적 계획'을 추진하는 것이었다. 우리는 최고의 휴양지, 골프장 혹은 와인 농장에서 전략수립 회의를 하면서 경영자들이 미래에 대해 어떻게 생각하는지를 확인하였다. 우리의 목표는 변화의 바람에 흔들리는 것이 아니라 변화의 파도를 넘는 것이었다. 트렌드야말로 전략의 원재료이고 최고의 전략은 이러한 트렌드를 잘 이용하는 것이라고 우리는 확신했다.

며칠간의 집중 작업을 통해 우리는 회사의 미래를 위해 제일 중요한 이슈들을 찾아내어 이것들을 실행하기만 하면 바로 성공할 수 있다고 확신하곤 했다. 그러고는 칵테일 라운지에서 공동의 작품에 대한 성공을 기원하는 건배를 하면서 전략회의를 마치곤 하였다. 그러고 난 다음 우리는 함께 만들어진 이 전략이 유출되지 않도록 베스트 아이디어와 중요한 변화예측, 다음 단계에 취해야 할 행동지침 등을 극비문서로 보관하였다.

하지만 이상하게도 시간이 지날수록 우리의 '미래 예측' 중심의 그와 같은 전략은 그 빛을 잃어갔다. 우리는 그 전략들이 어떻게 실행되는지를 알아보다가 그 전략들이 실행도 되기 전에 사라져 버린다는 걸 알게 되었다. 이것은 한두 번 일어나고 그치는 것이 아니라 늘 일어나는 현상이었다. 결론적으로 우리는 성공이란 경영자나 관리자가 얼마나 미래를 잘 예측하는지, 새로운 전략을 얼마나 잘 짜는지에 따라 결정되는 것이 아니라는 점을 알게 되었다. 성공이란 바로 구성원들을 전략에 몰입시켜 이들이 전략을 이해하고 전략에 따라 행동하게 하는 데 있었던 것이다.

이를 깨달은 순간 우리는 완전히 다른 접근방법과 새로운 원리를 개발하게 되었다. 즉 성공, 경쟁력, 조직의 활력을 뚜렷한 비전이나 조직 내 소수가 만든 전략에 의해서가 아니라 조직 내 다수의 학습과 이해 그리고 실행에 의해서 가능하게 하는 방법으로 바꾸게 된 것이다.

몰입을 이해하려면 뒤집어서 생각해보라

우리는 조직에서 몇몇 사람들을 대상으로 미래를 예측하도록 돕는 역할에서 벗어나 조직 전체를 몰입시키는 쪽으로 방향을 틀었다. 우리가 취한 새로운 방식은 구성원들에게 전략적 정보strategic information를 소통하고 이들을 비즈니스 스토리에 몰입시키는 데 중점을 두었다. 진정한 성공 수단은 경영자가 무슨 생각을 가지고 있는지를 포착하기보다는 이러한 아이디어나 이슈를 모든 구성원들이 생생하게 이해할 수 있게 하는 것이다.

그렇게 문제를 이해하게 되자 우리는 다음과 같은 의문을 가지게 되었다. 어떻게 해야 전체 조직이 현재와 다르게 생각하게 하고 행동할 수 있도록 설득할 수 있을까? 성공에 필요한 모든 노력을 기울이게 하는 방법은 무엇일까? 어떻게 해야 전체가 몰입하여 조직전략을 성공으로 이끌 수 있을까? 우리는 진정한 몰입의 비결이 무엇일까를 깊이 성찰하기 시작하게 되었고 이를 위해 비즈니스 속에서가 아니라 구성원들이 몰입 행동을 보이고 있는 곳에서 그 해답을 찾기 시작하였다. 우리의 목적은 이렇게 발견한 것들을 다시 비즈니스 환경에 적용하는 것이었다.

이 문제의 해답을 찾기 위해 우리는 비즈니스의 진정한 엔진 역할을 하는 사람들을 연구하기 시작하였다. 왜냐하면 우리는 구성원 몰입이야말로 전략 실행의 핵심이라는 점을 깨달았기 때문이었다. 우리는 구성원을 몰입하게 만드는 비결은 무엇이고 어떻게 이것을 비즈니스 환경에 적용할 것인지를 연구하였다. 영감을 주는 그러한 발견들에 대해서 다음에 상세히 소개하고자 한다.

스포츠에 열광하는 사람들

스포츠 경기에서 팬들이 정말 열광하는 것은 무엇일까? 진정한 팬은 손목시계를 자주 들여다보거나 졸지 않으며 경기가 끝나기만을 기다리거나 지루해 하지 않는다. 이러한 모습을 여러분이 회사에서 참석하고 있는 회의의 모습과 비교해 보라. 팬들은 현재 상태가 어떻게 돌아가는지를 매우 잘 알며 이후에 어떻게 될지를 곰곰이 생각한다. 진정한 팬이 제일 싫어하는 말은 전광판 위에 붙어 있는 "그냥 여기 이 순간이 중요해."라는 말이다.

잠자리에서 들려주는 이야기

잠자리에서 아이들의 마음을 사로잡는 이야기는 어떤 이야기일까? 아이들이 상상 속으로 빠져들게 하는 비결은 무엇인가? 오늘날의 비즈니스 환경에 대응하기 위하여 '동화 들려주기 시간' 같은 기법을 활용하면 어떨까? 아이를 침대로 데리고 가서 파워포인트를 보여준다면 어떤 반응을 보일까? 아이가 싫어할 때, 상상력 자극을 위해 더 많은 그래픽과 아이콘을 가지고 있는 최신 버전의 파워포인트라고 하면 먹혀들까? 결과는 기대대로 되지 않을 것이다. 아이들은 자신들에게 익숙한 캐릭터를 좋아한다. 그 캐릭터가 겪는 모험을 통해 승리를 맛보는 이야기 속에 빠져 들어갈 수 있게 하느냐가 중요하다.

콘서트장의 열기

열렬한 음악팬이 자신들이 좋아하는 가수의 콘서트에서 이상한 행동을 하는 이유는 무엇 때문인가? 패로디즈Parrotheads(지미 버핏 팬들)들이 지미 버핏Jimmy Buffett(미국의 유명한 대중 가수)과 단 몇 시간을 함께하기 위해 키 웨스트Key West(미국 플로리다 주 최남단에 있는 섬)에 있는 마가리타빌Margaritaville(지미 버핏이 운영하는 레스토랑)까지 몇 백 마일을 달려온 이유는 무엇 때문일까? 치즈버거를 좋아하지 않는 사람들이 가수를 따라 "치즈버거, 치즈버거"라고 따라하는 것은 또 무엇 때문일까? 어떤 행사에서 하나가 되는 데에는 그 무언가가 있는 것이다.

친구와의 저녁식사

아주 친한 친구와 함께 저녁식사를 한다고 하자. "야 반갑구나!"로 부터 시작하여 눈 깜짝할 사이에 서너 시간이 훌쩍 흘러가버린 것은 어떻게 보아야 하나? 당신과 친구는 시간 가는 줄 모르고 흥미진진한 이야기에 빠질 것이고 좀 더 오랫동안 함께 있고 싶어질 것이다. 음식에 신경 쓰는 사람은 별로 없을 것이다. 음식 때문에 만나는 것이 아니라 친구와 함께 편안하고 재미있게 이야기하기 위해 만나는 것이기 때문이리라.

해리포터

'아수라장', '악령', '마니아' 등 생동감이 넘치는 장면을 묘사하고 있는 소설 《해리포터Harry Potter》는 또 어떤가? 《해리포터》가 일으킨 붐은 몰입에 관한 최고기록을 돌파했다고 할 수 있다. 2007년 6월, 일곱 번째 책이 발간되자 24시간 만에 8백 3십만 권이 팔려나갔다. 이것은 미국에서만 매 시간 30만 권, 매 분 5천 권이 팔린 것이다. 해리가 대체 누구이기에? 우리는 수백만 명의 사람들이 10년을 기다리며 그의 다음 번 모험기를 읽으려고 목 빠지게 기다렸다는 사실에서 몰입에 대해 뭔가를 배울 수 있지 않을까? 만일 경영자들이 해리포터와 같이 모험으로 가득 찬 방식으로 회사를 경영한다면 어떤 일이 일어날까? 해리포터와 같은 폭발적인 인기를 누리지 않을까?

몰입은 사람들에게 와 닿는 무언가를 건드려 깊은 감명을 남긴다. 스포츠든, 성당의 건축가든, 친구와의 대화든, 해리포터든 상관없이 말이다. 다음 장에서 우리는 '몰입의 근원'이 무엇인지를 조사해 보면서 사람들이 단순히 돈 벌기 위해서가 아닌, 회사의 전략 실행을 위해 직장에 나오게 하는 네 가지 몰입의 근원을 알아보기로 한다.

○ 실천을 위한 질문들

1. 자신의 일상생활에서 여러 측면을 생각해 보자. 시간 가는 줄 모르고 가장 몰입했던 활동들에는 어떤 것들이 있었나?

2. 그 활동들에 시간, 관심, 에너지를 모두 쏟아부을 만큼 그렇게 매력적이었던 이유는 무엇일까?

3. 자신이 몰입해 본 경험에서 얻은 교훈이나 통찰을 활용하여 사람들을 몰입시킬 수 있지 않을까?

4. 자기 일에 대한 사명의식이 없이 그저 '벽돌만을 쌓는' 사람들은 얼마나 될까? 자신의 업무에 대한 사명의식이 별로 없이 단지 '성당 담벽을 쌓는' 사람들은 얼마나 될까? 자신의 업무에 대한 투철한 사명의식으로 '아름다운 성당을 건설'하는 사람들은 얼마나 또 될까?

3 장

몰입을 일으키는 근원

> 66 소속감을 느끼지 못하거나 외톨이가 될 때
> 느끼는 감정은 단순히 조직을 이탈하는 것보다 훨
> 씬 더 큰 해를 끼칠 수도 있다. 99

    몰입은 여러 가지의 모습으로 나타난다. 스포츠, 우정 등 생활의
모든 면에서 그 모습을 볼 수 있다. 몰입은 노력한다고 되는 것이 아
니고 자연스럽게 자석과 같이 끌리는 것이다. 지난 몇 해 동안 우리
는 사람들을 사로잡아 붙들어두는 것들의 특징이 무엇인지를 연구하
였으며, '그 비법'을 발견하게 되었다. 우리는 수많은 사람들과 이야
기를 나누면서 그들에게 자신이 비즈니스에 진정으로 몰입하는 동
력, 즉 자신의 조직에 머리와 가슴과 손을 다 바쳐 자발적으로 기여
하는 것이 무엇인지를 물었다.

    그들의 대답에서 공통적으로 나타난 몰입의 근원은 네 가지인데,
이것들이 몰입의 기초와 뿌리를 이루고 있다.

사람들이 원하는 것

자신의 공헌이 성과와 요결되었는지 알고 싶어 한다.

의미있는 존재가 되고 싶어 한다.

소속감을 갖기를 원한다.

의미있는 일을 하고 싶어 한다.

몰입의 근원

1. 사람들은 의미 있는 존재가 되고 싶어한다.

자신보다 더 큰 집단에 소속해 의미 있는 존재가 되기를 거부할 사람이 있을까? 콘서트장을 찾는 사람들은 자신이 수백 명 중에 하나가 되어, 의미 있는 집단의 일부가 되는 느낌을 가질 것이다. 이때 이들은 자신들이 함께 하고자 공을 들이는 대상의 중요하고 의미 있는 한 부분이 된다는 느낌을 갖게 되는데, 이러한 느낌은 혼자일 때는 느끼기 어려운 감정이다. 이런 느낌이 생길 때 자신이 노력하는 만큼 성장한다는 것을 경험하게 될 것이다. 이러한 느낌은 실질적이고, 중요하며, 자부심을 느끼고, 방향감을 갖게 해준다.

미국 컨트리 음악의 전설적 인물인 가스 브룩스Garth Brooks를 보자. 그는 처음에는 자신이 보다 더 의미있는 존재가 되는 활동에 참여할 생각이 별로 없었다. 그러나 2007년에 그는 아내 트리샤 이어우드Trisha Yearwood의 영향을 받아 유방암 캠페인에 참여하게 되었다. 그의 아내는 수잔 코먼Susan G. Komen유방암 재단을 위해 60마일 걷기행사에 참여하였다. 이 조직은 암 생존자와 활동가로 구성된 세계에서 가장 큰 진보적 대중 네트워크였다. 브룩스는 "내 아내가 한 일 중에서 이번 걷기행사는 가장 자랑스러운 일이었어요. 그래서 어떻게 해야 나도 그녀처럼 멋진 일에 참여할 수 있을까 생각해 보았습니다."

브룩스는 '얼티메이트 히츠Ultimate Hits'라는 앨범의 '핑크 에디션Pink Edition'을 발매하면서 앨범 세트당 10달러씩 유방암 캠페인에 기부하며 목표액 1천만 달러를 달성하고자 하였다. 그는 앨범을 나눠주면서 말했다. "오늘은 내 음악 생애에서 가장 자랑스러운 날입니다."

코먼 재단의 주요 이벤트인 '레이스 포 더 큐어Race for the Cure'는 지난 25년 동안 유방암 연구를 위해 1억 달러의 기금을 마련하였고 핑크 리본은 유방암 캠페인의 상징이 되었다. 이 재단은 10만여 명의 활동가들의 힘을 입어 연방정부, 주정부 차원의 변화를 가져 왔다.

코먼 재단의 회원들이 이룬 성과는 "큰 생각하기thinking big"의 결과다. 만약 이들이 자기 일에만 집중했다면 큰 생각하기는 불가능했을 것이다. 그들은 그 비즈니스를 운영하는 전반적인 모습과 목표를 이해했던 것이다. 이 두 가지 맥락을 이해하게 되면 집단의 힘이 개인의 힘보다 크다는 것을 깨닫게 된다.

경영자란 단지 비전, 미션, 가치 등을 제시하는 '전달자'에 불과하다는 농담이 있다. 비전과 미션은 모든 회사에서 필요한 것이기 때문에 형식적으로 마련하는 경향이 있다. 그런데 이것들이 만들어지고 난 다음에는 조직에서는 더 이상 아무것도 하지 않는다. 비전이나 미션을 멋지게 인쇄한 문서가 쓸모없게 되어 쓰레기통에 내버려지고 만다. 그 중요한 비전이나 미션이 궁극적 목표인, 직원들의 단합을 통한 목표달성을 전혀 실현시키지 못하는 것이다. 이는 비전을 문서화해서 걸어 놓거나 직원들에게 알려준다고 되는 일이 아님을 보여준다. 비전, 미션, 가치는 경영자와 관리자에 의해 실행될 수 있게 가시화되어야 하며, 직원들과 함께 일상생활에서 그것을 체득해야 한다.

2. 사람들은 소속감을 갖기 원한다.

사람들이란 소속감을 느끼게 되면 정말 몰입하게 된다. 자신에게 맞는 일을 하고 있고 인정을 받으며, 집단의 일원이라는 소속감을 느끼게 되면 일종의 의미와 확신을 갖게 된다. 이것은 친화와 연결의 느낌을 가져오는 공통점이 있기에 함께 나아갈 수 있는 것이다. 반대로 생각해보면, 소속감을 느끼지 못하거나 외톨이가 될 때의 느낌은 단순히 조직을 이탈하는 것보다 훨씬 더 큰 해를 끼칠 수도 있다. 다음 사례를 보자.

한 여학생이 축구를 좋아한다. 그녀의 부모는 이 아이를 축구팀에 가입시킨 후 무릎 보호대, 축구화, 기타 필요한 용품 등을 사준다. 그 부모는 그녀의 활약을 기대한다. 연습 때마다 이 학생은 코치의 말에 잘 따른다. 자신이 경기에 주전으로 참가하고 싶어하지만 코치는 그 아이를 벤치에 앉혀 둔다. 부모가 보기에 안타깝지만 열심히 하면 될 거라고 아이를 설득하고 매일 볼을 다루는 기술과 기본 훈련을 도와준다. 그 다음번 경기에서도 그 아이는 또 제외된다. 부모와 그 아이는 실망스럽기는 하지만 포기하지 않고 더 열심히 훈련한다. 하지만 그 다음 경기에서도 또 다시 제외된다. 부모가 코치에게 전화를 해 보기도 하지만 코치는 그녀가 아직 경기에 참가할 수준이 아니라고 알려준다. 그리고 그 다음 경기에서도 그녀는 제외된다.

이제 실망한 그 부모는 다른 사람들에게 그 코치를 험담하기 시작

사람이 집단에서 소외될 때에는 열정이 냉소와 무관심으로 변한다.

한다. 다른 애들이 자기 아이보다 축구를 더 잘하면 그 부모는 분개해 하고 심지어 누군가가 부상을 입어 경기에 참가하지 못하여 그 아이가 대신 참가할 수 있기를 바라기도 한다. 그러다가 시간이 지나가면서 축구에 점점 무관심하게 되고 팀, 코치 심지어 팀과 연관된 어떠한 사람들과도 유대감을 갖지 못하게 된다. 그들은 축구팀에서 이탈하게 되고 결국에는 팀이 경기에서 지기를 바라게 된다.

나는 이 이야기를 많은 경영자와 관리자에게 해 주면서 이런 경험을 해본 적이 있는지 물어보곤 한다. 그때마다 75퍼센트가 넘는 사람들이 비슷한 경험을 한 적이 있다고 털어 놓는다. 물론 이 사례는 연극팀, 재즈 앙상블, 댄스 클럽 등 어디에서나 일어날 수 있는 일이지만 결과는 한결같을 것이다.

잠시 이들은 이탈될 때의 느낌이나 소속감을 갖지 못할 때의 느낌이 어떤 것인지 되새겨 본다. 그것은 마치 처음 직장을 얻어 흥분해 하다가 능력을 충분히 발휘하지 못하면서 점점 김이 빠지는 것과 같은 느낌일 것이다.

많은 회사에서 관리자들과 현장 직원들은 비즈니스 전략을 실행하는 데 있어서 자신의 위치가 어디인지를 찾지 못한다. 아마 처음에는 의견이나 아이디어를 열성적으로 토로하다가 자신들의 생각이 무시당하면 냉담해질 것이다. 축구 이야기에서처럼 그들은 경영자를 불신하게 되고 조직의 승리를 위해 열심히 일하기보다는 냉소적이고 무관심한 태도를 보일 것이다.

미시간 주의 뷰몽Beaumont 병원 직원들은 소속감이 얼마나 중요한

지 잘 아는 곳이다. 얼마 전 1만 3천여 명의 직원들이 조직의 새 비전을 공유하기 위하여 비전 선포식에 참석했다. 뷰몽 병원의 CEO 켄 매칙크Ken Matzick는 그날 일어난 일이 메시지의 전달, 그 이상의 효과가 있다는 점을 전하고 있다. 그 선포식에서 직원들이 자신들의 의견을 피력할 기회를 갖게 되었다는 사실만으로도 소속감을 느끼게 되었던 것이다. 매칙크는 "경영자가 직원들에게 의견을 물어보면서 존중하는 모습을 보이기 시작하자 직원들은 자신이 가치 있는 존재라는 점을 느꼈고 조직변화의 프로세스에 동참해야겠다는 느낌을 갖게 되었습니다."라고 말하고 있다.

3. 사람들은 의미 있는 일을 하고 싶어한다.

우리는 한결같이 중요하고 목표가 있는 도전을 즐긴다. 도전을 할 때 사람들은 흥분감, 선도자 의식, 깨달음 등을 통해 성취감을 만끽할 수 있다. 이것이 사람들의 열정을 불러일으킬 수 있다. 인간의 영혼에는 우리가 더 발전할 수 있고 자신이 남들이 생각하는 것보다 더 괜찮은 사람이라는 일종의 진취심리가 있다.

우리는 무언가 새로운 것을 만들기를 원한다. 자신의 인생을 돌아보며 "나는 현상을 유지하기 위한 일만 계속해 왔습니다."라고 말하고 싶은 사람은 없을 것이다. "제가 처음 맡을 때는 이 정도 수준이었는데, 계속 노력하여 이렇게 더 높은 수준으로 향상시켰습니다."라고 말하는 것이 중요하다. 우리의 인생에는 도전과 기회로 가득 차 있고 그 도전과 기회는 우리에게 위험을 감수하고 장애물을 뛰어넘을 것을 요구한다.

다른 한 사례는 좀 더 공공성을 띨 수 있다. 미국 자동차 시장을 오랫동안 주름잡던 크라이슬러Chrysler는 1980년대 중반에 파산위기에 몰린 적이 있다. 고민 끝에 미국 정부는 크라이슬러에 재정지원을 약속하였다. 크라이슬러는 연방정부의 보증으로 대출을 받아 경영상황이 나아지면 되갚기로 하였다. 나는 이 회사의 수석 엔지니어와 많은 이야기를 나눈 적이 있다. 그의 말을 들어 보자.

"정부의 대출보증을 받자 갑자기 이 회사는 일하기 좋은 곳이 되었습니다. 외부 사람들은 우리가 외부의 도움을 받아 생명이 유지되고 있다고 생각했습니다. 그런 현실을 부정할 수는 없었습니다. 우리는 모두 업무에 몰입하였습니다. 왜냐하면 우리는 국가와 회사를 곤경에 빠뜨릴 수는 없었기 때문이지요. 그것은 마치 맹세한 것을 지켜내기 위해 위험한 모험을 감행하는 것과 같은 경우이었습니다. 우리는 밤낮없이 일했습니다. 누군가가 도움이 필요하면 서로 나서서 도와주었습니다. 위계를 앞세우지 않았습니다. 어느 부서의 소속이든 상관없이 필요하면 언제든지 달려가 함께 일했습니다. 우리를 믿어준 정부가 너무 고마웠고 또한 이러한 정부의 대출금을 상환하는 것은 매우 자랑스러운 일이었습니다. 우리는 공동의 목표가 있었고 모두 그 목표에 몰입하였습니다."

그러고 나서 그는 놀라운 사실을 털어 놓았다. "우리가 정부 대출금을 상환하기 시작한 때부터 마지막 1달러까지 상환을 마쳤던 순간 순간을 전 잘 기억하고 있습니다. 그런데 그 뒤에 누군가가 해머로 세게 내려친 것과 같은 상황이 벌어졌어요. 정부의 상환을 모두 마치고 나자 모험도 끝나버리게 되어 직원들의 마음을 채워줄 뭔가가 없어지게 되었습니다. 그게 바로 우리의 비즈니스 성과가 급락하게 된 시발점이지요. 제 생각에는 모험이 없는 것은 지속가능한 훌륭한 회사를 만드는 것을 저해합니다. 이것은 모두 목표와 도전에 관한 것으로 우리가 가치 있게 취급받고 신임 받았다는 점을 증명하는 것이죠."

알다시피 크라이슬러는 과거의 명성을 회복하기 위하여 수년간 애를 써왔고 매각되기를 거듭하였다. 하지만 지난날 어려웠던 시기에 겪었던 그 모험은 지금 사라져 버렸다.

한마디로 전략은 모험이다. 뜻있는 전략은 목표의식을 심어주고 실현가능한 목표를 향해 모두가 함께 나아가도록 북돋운다. 그렇게 하여 상상을 초월한 에너지와 엄청난 도전을 낳고 사람들을 단합시켜 목표를 이루게 만든다. 이러한 모험과 목표는 전략 프레젠테이션에서 흔히 볼 수 있는 난해한 수사학적 표현과는 크게 차이가 있다. 우리가 컨설팅을 했던 대부분 조직들은 게임의 스코어나 모험이 어떤 상태인지를 모르고 있었다. 이들은 비즈니스를 위해 무엇을 극복해야 하고 자신들의 현 상태가 어떠하며 목표가 무엇인지를 정말로 몰랐다. 만약 자신들에게 당면한 진짜 도전이 무엇인지 이해하고 있다면 이들에게 몰입하라고 강요할 필요가 없다. 상황에 대해서 알게 되면 스스로 승리할 수 있도록 동기부여가 되는 것이다.

4. 사람들은 자신들의 공헌이 성과와 연결되는지 알고 싶어한다.

사람들은 자신들이 하는 일이 진정으로 도움이 된다는 것을 이야기로 남겨지기를 바란다. 특히 다른 사람들의 생활 속에서 말이다. 이러한 법칙은 비즈니스를 포함한 모든 부분에 해당될 것이다. 만약 내가 참여하게 되면 이야기가 달라질 거라고 생각하는 것이다. 이야기가 나 때문에 의미 있게 변하게 될 것이기 때문이다. 2장에서 우리는 다음과 같은 사실을 깨달은 바 있다. 만일 사람들이 멀리 플로리다 주 남단 키 웨스트까지 가서 지미 버핏의 노래를 함께 부르게 되면 그들은 자신들 때문에 콘서트 분위기가 좀 더 고조되고 있다고 생각할 것이다. 마찬가지로 야구모자를 쓰고 TV로 경기를 보는 꼬마숙녀는 자기가 TV를 보기 있기 때문에 신인 선수가 홈런을 쳤다고 생각하게 될 것이다.

만약 마법의 왕국 디즈니랜드의 메인 스트리트에서 한낮에 진행되는 퍼레이드를 보았다면, 여러분은 도널드 덕이나 후크 선장으로 변장한 디즈니의 고위 경영진들이 끼여 있는 것을 볼 수 있을 것이다. 마법의 왕국에 새로 부임한 경영자라면 이 퍼레이드에 참여해야 한다. 그 이유는 자신들의 행동이 어린이들의 눈에 어떻게 비춰지는지 직접 알아야 하기 때문이다. 디즈니의 한 고위 경영진에 의하면, 이 행진의 목적은 신임 경영자들로 하여금 그들의 일상사가 그들이 만들어내는 마법과 직결된다는 점을 알려주려는 것이라고 한다. 디즈니의 고위 경영자는 "그 복장을 입는 순간 여러분은 놀라 경탄할 것이고, 다른 사람들의 생활을 크게 변화시킴을 느끼게 될 것입니다."라고 했다.

사람들이 몰입을 할 때에 그들은 자신들이 하는 모든 것이 타인의 생활에 영향을 준다는 것을 느낄 것이다. 도서관의 사서가 몰입을 할 경우에 그는 자신이 단지 책을 관리하는 것이 아니라 다음 세대들을 위해 역사를 보존한다고 생각할 수 있다. 호텔 직원이 몰입을 하게 되면 그는 자신이 하는 일이 단지 식탁을 세팅하는 것이 아니라 비즈니스맨들이 성공적으로 하루를 준비하도록 도와주는 것이라고 생각할 수 있다.

세계 여러 나라의 구성원들과 대화하든 일상생활에서 일어나는 대중의 행동을 관찰하든, 몰입하고 있는 사람들은 앞에서 말한 네 가지 특성을 가지고 있음을 발견할 수 있다. 사람들이 소속감을 느끼거나 큰일에 참여한다고 생각할 때, 혹은 의미 있는 일을 하거나 큰 공헌을 한다고 생각할 때, 그들은 이미 자연스럽게 몰입 상태에 들어가는데, 이는 비즈니스에 있어서도 예외는 아니다.

1. 여러분의 회사에서 가장 중요한 전략들이 무엇인지를 생각해 보라. 여러분이 직원들을 전략에 몰입시킬 때, 그들은 다음의 사항들을 이해하는가?
   - 자신들이 스스로 이룩할 수 없는 큰일에 참여하고 있다는 것을 아는가?
   - 자신들이 진정으로 소속감을 가지고 있는지를 아는가?
   - 자신들이 뜻 깊고 의미 있는 모험에 참여하고 있다는 사실을 아는가?
   - 자신들이 조직에 큰 공헌을 할 수 있다는 사실을 아는가?

2. 2장에서 아름다운 성당을 짓는다고 생각하는 벽돌공은 자신이 큰일에 관여하고 있다는 점을 알고 있었다. 여러분이라면 어떻게 직원들에게 벽돌공처럼 큰 그림을 볼 수 있도록 도와줄 수 있는가?

3. 얼마나 많은 직원들이 마음속으로 여러분의 실패를 바라고 있는가? 운동선수의 이탈행동이 코치의 소외감에서 시작된 것이라면, 비록 직원들이 전략을 이행할 준비가 덜 되었더라도 이들의 소속감을 고취시킬 수 있는 방법은 무엇인가?

4. 만약 조직전략과 성과목표를 흥미진진한 탐험 스토리로 바꾸어 말한다면, 궁극적으로 얻고자 하는 승리(재무성과를 제외하고)는 무엇인가?

5. 직원들에게 디즈니랜드에서 행진하는 디즈니 캐릭터와 같은 경험을 할 기회를 줌으로써 그들이 자신들로 인해 즐거워하는 고객들의 눈빛을 직접 체험하게 하는 방법은 없는가?

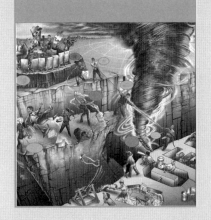

2부

몰입을 가로막는
장애 요인들

1부에서 우리는 진정한 몰입의 의미가 무엇인지 살펴보았다. 그것은 아주 간단해 보인다. 사람들은 단지 자신들이 해야 하는 것이기에 일을 하는 것이며, 그 때문에 '일'이라고 부른다. 하지만 몰입이란 사람들 스스로가 좋아하고 원하는 것이어야 가능하다. 사람들이 무엇을 좋아하고 원하는지를 발견하는 것은 인간의 자발적인 노력을 유도하는 것과 연관되는데, 이와 관련하여 경영자, 관리자, 직원은 각자의 역할을 인정해야 한다.

직원은 매주 깨어있는 시간의 40퍼센트 이상을 자신들에게 월급을 지불하는 회사에서 활동하는 데 소비한다. 이러한 활동들을 생산적이고 효과적이 되도록 바꾸어야 하는 것이 중요하다. 바로 직원들이 큰일에 참여하고, 소속감을 느끼며, 뜻 깊고 의미 있는 일에 참여하면서, 큰 공헌을 한다는 점을 느끼게 해야 하는 것이다.

하지만 이를 실행하는 것은 간단하지 않다. 오늘날의 비즈니스 세계에는 '협곡(경영자, 관리자, 직원 간의 격차)'이 존재하기 때문이다. 2부에서는 직원들이 왜 몰입하지 않는지에 대한 근본 원인을 파헤쳐 보기로 한다. 그러한 근본 이유들이 모이면 '이탈을 일으키는 협곡'이 만들어지게 된다.

2부는 '몰입을 가로막는 장애 요인들'로서, 직원들이 왜 몰입할 수 없는지에 대한 현장의 목소리를 담고 있다.

4 장

일에 과도하게 치이면 몰입할 수 없다

> 66 회사가 어떤 절차나, 활동 및 행동을 중단하
> 도록 하면 구성원들은 목표를 좀 더 명료하게 느
> 낄 수 있게 된다. 99

'너무 과도하지 않은' 이라는 말이 무엇일까 하고 생각해보면 곧 떠
오르는 말은 '적절한' 이 될 것이다. 소설가 마크 트웨인Mark Twain은
말했다. "나한테 더 많은 시간이 주어지면 난 더 짧은 편지를 쓸 것이
다." 마크 트웨인뿐만 아니라 많은 사람들이 여기에 동감하고 있다.
효과적인 글쓰기 과정을 개선한다면 우리의 복잡한 글쓰기 전략은
간소화될 것이다. 직원은 명령, 메모 및 기타 지침 형식의 많은 전략
적 '문서' 들을 받는다. 경영자가 "모든 것이 다 중요해."라고 말한다
면 직원은 곧 모든 것이 중요하지 않다고 느낄 것이다. 적절함은 쉬
운 것이 아니지만 몰입의 본질이다.

다음 사례를 보자. 타코벨Taco Bell의 한 레스토랑 관리자가 몇 달간
회사에서 시달된 문서들(규범, 슬로건, 판촉문구, 업그레이드된 퍼포먼스

등)를 콜라주로 만들어서 경영자에게 보여 주자 그는 깜짝 놀랐다. 콜라주를 보자 회사가 보낸 커뮤니케이션의 전달 내용들이 너무 많았음을 한눈에 알게 되었고 요구사항이 빗발치듯 많았다는 사실에 경영자가 놀라지 않을 수 없었던 것이다. 불행하게도 매번 그저 공문 한 장을 더 추가했을 뿐이라고 생각했는데, 이게 복잡하고 혼란스러우며 갈등을 낳는 결과를 초래하였던 것이다. 그 결과 많은 사람들은 대부분의 시간을 조직에 공헌하는데 쓰기보다는 직장에서 살아남는 데 쓰게 된다.

반응적으로 행동하게 하면 몰입을 저해한다

경영 대가인 피터 드러커Peter Drucker에게 누군가 다음과 같은 질문을 했다. "경영자나 관리자가 업무를 잘하는지 알려면 어떤 질문을 해야 합니까?" 드러커의 대답은 간단하지만 정곡을 찔렀다. "지난 두 달 동안 어떤 업무를 중단하도록 했는지 묻고 싶습니다." 그의 대답은 비즈니스의 우선순위가 많아지는 현실을 빗댄 말로서, 너무 많은 업무지시가 직원을 지치게 한다는 점을 암시한다. 최근의 대화에서 이 주제가 다시 등장하고 있다. 한 경영자가 내게 묻기를 "어떻게 해야 지난 20년간의 전략들을 거둬내고 새로운 것으로 대체할 수 있습니까?" 나는 '중단stop'이라는 단어가 '시작start'이라는 말보다 훨씬 더 중요함을 처음 깨달았다.

콜라주를 만든 관리자에게서 볼 수 있듯이 이는 중요한 문제이다. 경영자들은 기존의 것을 전혀 중단하거나 없애지 않고 자신들의 기대사항을 던지고 나서는 직원들이 절망하거나 이탈하는 데 대해 놀라곤 한다. 직원들에게 쉴새없이 '튀어오르는 두더지를 잡아야 하는 whack-a-mole' 게임과 같은 상황이라면 이들에게 몰입을 기대할 수 없다. 하나를 내리칠 때 다른 것이 튕겨 나오기 때문이다.

다음의 두더지 잡기 그림을 보자. 두더지 잡기가 아이들에게는 재미있는 게임이겠지만, 비슷한 형식으로 비즈니스를 경영하는 데는 많은 어려움이 있다. 사람들이 두더지 잡기식과 같이 반응적 행동을 보여야 하는 상태가 된다면 이들은 통제능력을 상실할 것이다. 직원

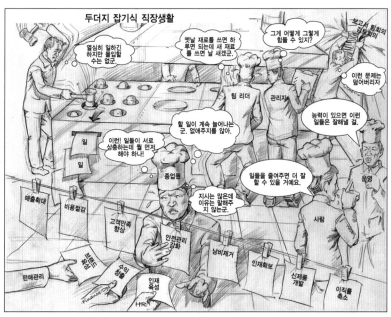

두더지 잡기와 같은 일상

들은 새로 튀어오르는 두더지를 무시하거나, 아니면 기존의 것을 무시하거나 해야 한다. 비즈니스에서 두더지란 새로운 전략이나 우선순위, 기존의 관행들을 뜻한다. 이러한 것들이 합쳐지면 도저히 감당할 수가 없다. 문제는 우리가 이런 것들을 첨가하기만 하고 기존의 것을 전혀 제거하지 않는다는 것이다. 무언가를 버려야 한다.

사실 이와 비슷한 문제는 어디에든 존재한다. 몇 년 전 타코벨에서 일어난 이야기다. 타고벨의 최고운영책임자인 롭 새비지Rob Savage는 각 레스토랑 매니저가 경영자와 직원들을 잇는 주요 통로라고 보았다. 직원들이 조직에서 지시한 일을 처리하느라 너무 많은 시간을 쓰기에 매니저는 직원들을 몰입시킬 수가 없었다. 새비지는 말했다. "기존 전략을 일부 없애지 않고는 새 전략을 실행할 수 없었습니다. 우리는 기존 전략을 하나도 없애지 않았던 거지요. 그래서 진정한 몰입이란 불가능했습니다. 흥미로운 일은 '중단해야 할' 일은 '시작해야 하는' 일과 마찬가지로 신중하고 강력하게 추진해야 한다는 것입니다. 이것이 우리의 새로운 사고방식입니다."

새비지는 모든 경영자들에게 매니저의 요구사항을 우선순위에 두고 단순화된 운영시스템을 구축하는 절차를 마련하여 기존의 전략을 통합하도록 지시하였다.

쓸모없는 기존 전략들을 끝내지 않고 어떻게 관리자들이 수익을 높이고 직원들의 역량을 개발할 수 있겠는가? 회사가 어떤 절차나 활동 및 행동을 중단하게 하면 구성원들은 목표를 좀 더 쉽고 명료하게 느낄 수 있게 된다. 또한 이들은 업무 간의 상호 연관성을

한 가지 이상의 전략을 동시에 수행하기는 힘들다.

알 수 있게 될 뿐만 아니라, 업무 연관성을 몇 가지 핵심을 중심으로 명료하게 이해할 수 있게 된다.

포춘이 선정한 500대 기업들을 도와 전략 명료화 및 간소화 활동을 전개하는 과정에서 깨달은 점은 바로 낡은 전략은 기본적으로 새 전략의 안착을 저해한다는 것이다. 이러한 낡은 전략은 '조직의 콜레스테롤'로 작용하여 활발한 새 활동을 저해한다. 반복되고 과다한 활동을 몰아내거나 제거하지 않고는 가치를 창출할 수 없으며, 업무 효율성을 고려하지 않는다면 살아날 길이 없다. 경영자가 짐을 덜도록 허락하지 않으면, 장애물이 쉴새없이 계속 발생할 것이다.

전문가의 설계는 초보자를 위한 것이어야 한다

일이 너무 많은 게 문제이지만, 전략 커뮤니케이션을 디자인할 때 사용자를 염두에 두지 않는 것도 문제가 될 수 있다. 도널드 노먼 Donald Norman은 《일상생활용품의 설계The Design of Everyday Things》라는 책을 통해 일상생활에서 디자인의 단순성이라는 개념을 다루고 있다. 인지과학자인 노먼은 겉으로 단순해 보이는 것이 실사용에서 일으키는 문제가 얼마나 심각한지를 연구하였다. 이 책에서 그는 출입문을 열지 못해 애쓰던 일, 전등 스위치로 인해 당황하던 일, 샤워기를 작동하지 못했던 일, 플라스틱 봉지를 이로 물어 뜯은 일, 차안의 라디오 스위치가 비슷하여 작동이 어렵던 일 등을 열거하고 있다. 이러한 일로 그는 휴먼 에러humen error라는 분야에 관심을 갖게 되었다.

1979년 미국 역사상 최악의 원자력 사고였던 스리마일 섬Three Mile Island 원자력발전소 사고 후, 노먼은 다른 과학자들과 함께 어떻게 운전원들이 엄청난 실수를 저지를 수 있었는지를 연구하게 된다. 놀랍게도 문제는 운전원들에게 있었던 것이 아니라 운전실의 설계에 있었다. 마찬가지로 회사의 전략이 실패할 때, 문제는 몰입하지 못한 관리자나 전략을 실행하는 담당자들에게 있는 것이 아니다. 경영자가 전략에 몰입하게 하는 과정을 제대로 설계하지 못한 데 있다. 즉 경영자가 전략을 잘 설계하여 직원들이 조직의 미래를 위한 중요한 과업에 몰입할 수 있도록 해야 한다.

전략은 쉽게 이해할 수 있도록 단순해야 한다. 그러나 조직의 대부분 전략은 단순하지 않다. 이는 전략을 짜는 사람들이 '무지라는 것이 어떤 것과 같은지'를 잘 모르기 때문이다. 직원을 몰입시킬 때 경영자는 종종 자신이 가진 지식에서 벗어나기 어렵다. 심지어 자신의 여행경험담을 타인들도 똑같이 재미있어 하리라고 생각한다. 경영자의 생각은 늘 그런 것이다. "우리가 했으니 당신들도 따라 해야 해!" 경영자는 바로 직원들이 경영자와 똑같은 것을 할 때 그것이 얼마나 오래 걸릴 것이며, 직원들이 쉽게 이해할 수 있도록 재가공하는 것이 왜 필요한가를 잊고 있다. 이것은 전략의 수준을 낮추는 것이 아니라 전략을 세련되고 품위 있고 명료하게 만들어서 경험이 없는 초보자도 그 뜻을 빨리 익히도록 하는 것이다.

경영자는 자신의 위치가 아니라 직원의 위치에서 그들을 만나야 한다. 하지만 경영자뿐만 아니라 DVD, 디지털 카메라 및 기타 가전용품의 제조업자들도 이점을 망각하는 경우가 많다. 가장 정통한 소비자들이라 하더라도 제품의 성능을 이해하기 어려운 경우가 있는 법이다. 소비자들은 어지럽게 만들어진 제품특징에 당혹스럽고 혼란스러워 한다. 사실 기본적이고 이해하기 쉬운 버튼과 다이얼로 제품을 만들어도 아무런 문제가 없는 데도 말이다.

본 장의 핵심은 바로 직원들의 과도한 업무량을 줄이되 경영자의 경험을 직원들에게 그대로 적용하지 말고 직원들의 눈높이에 맞추어야 한다는 점이다. 새로운 일을 끊임없이 만들어내는 한 진정한 몰입은 있을 수 없다.

⟫ 실천을 위한 질문들

1. 여러분의 조직이나 팀이 지난 두 달 동안 새로운 전략에 더욱 매진하기 위해 중단한 업무는 무엇인가?

2. 여러분의 조직을 묘사하는 '계속 튀어오르는 두더지 잡기' 그림은 어떤 모습이 되겠는가? 이 그림에 여러분의 조직을 반영하기 위하여 어떤 이니셔티브나 업무요청들을 적을 수 있는가? 이 중에서 신규 전략을 방해하는 기존의 전략은 어떤 것들이 있는가?

3. 여러분의 조직은 '전문가'를 위한 의사소통 도구를 만드는가? 아니면 '사용자'를 위해 만드는가? 비즈니스에서는 포커스 그룹을 활용하여 신제품이나 서비스를 테스트한다. 여러분의 조직은 사용자에게 적합한 의사소통 도구를 만들고 테스트하기 위해 구체적으로 어떻게 하는가?

4. 여러분의 직원들은 많은 업무량으로 힘들어 하는가? 그렇다면, 과도한 업무량은 이들의 업무 몰입도에 얼마나 큰 영향을 주는가? 여러 업무를 통합하고 간소화하며 명확하기 위해 무엇을 할 수 있는가?

5 장

이해하지 못하면 몰입할 수 없다

> 66 경영자가 만약 직원들이 업무에서 어떤 것에
> 호기심이 있는지를 모른다면 이들을 도울 기회가
> 사라진다. 99

고전적인 전략경영 사례에서 한 경영자가 말한다.

"이 실험은 장난감에 대한 6개월 동안 이중맹검법double-blind(효과 판정을 위하여 피실험자나 연구자에게 그 사실을 알리지 않고 하는 검사법-역자 주)의 형식으로 인구통계학적 특성이 중복되는 8개 그룹을 대상으로 진행하였으며, 전국의 모든 지역이 샘플에 포함되었습니다. 장난감에 대한 집중테스트 결과에 의하면, 9~11살이 소비자의 주류를 이루었는데 12살 아동들도 포함될 수 있습니다. 노보츠Nobots와 트랜스포머Transformers가 37퍼센트의 시장점유율을 보이고 둘 다 같은 지역을 표적으로 삼는다면 우리가 시장점유율 25퍼센트를 목표로 할 수 있고 이는 작년 총수익의 20퍼센트에 해당합니다. 질문 있습니까?"

관련성을 느끼게 되면 새로운 눈을 가질 수 있다.

영화 〈빅Big〉에서 조쉬 역을 맡은 톰 행크스Tom Hanks는 이렇게 소리친다. "나는 도저히 이해 못하겠어." 조쉬는 어른의 체구를 가지고 있지만 정신적으로는 8살 남자아이다. 그는 마음이 어린아이와 같기에 어른들보다 장난감 시장을 훨씬 잘 이해하였다. 조쉬는 장난감 회사의 경영진을 인솔하여 소비자 동태를 파악하기 위한 재미있는 문화 여행을 시작하였다. 영화의 한 장면에서 조쉬와 경영진들은 '젓가락 행진곡Chopsticks'과 '하트 앤 소울Heart and Soul'을 전자피아노에 맞춰 발로 연주하며 춤을 추었다. 어린이들의 영감을 전해주는 마인드를 지닌 조쉬는 그의 성실성과 어린이 세계에 대한 통찰력으로 인해 곧바로 회사에서 성공하게 되었다.

〈빅〉을 통해 다음과 같은 점을 배울 수 있다. 첫째, 비즈니스 상품이나 서비스가 소비자의 관점에서 만들어질 때 회사는 크게 성공할 수 있다. 둘째, 비즈니스가 경영자나 구성원들의 관점에서 볼 때 타당하지 않으면 그들은 이해할 수 없다.

관련성을 갖게 해주는 사람은 누구인가?

몰입하기 위해서는 관련성을 느껴야 한다. 관련성은 또한 소속감과 같은 느낌을 주는 데에도 없어서는 안 될 요소다. 적절한 관련성이 있느냐에 따라 성패를 좌우하는 전형적인 직업 중의 하나가 바로 스탠딩 코미디(무대에서 혼자 재치있는 말로 관객을 웃기는 형식의 코미디-역자 주)이다. 코미디언이 사용하는 소재가 관중과 연관될 때 관중은 빨리 몰입된다. 즉 관중이 웃고 생기가 넘치며 분위기가 활기차진다. 이와는 반대로 관중이 조롱하고 야유하는 불행한 코미디언을 보자. 관중과 아무런 연관성도 찾지 못하였기에 그가 하는 행동이나 말은 전혀 재미가 없다.

그렇다면 몰입하도록 관련성을 부여하는 것은 누구의 몫인가? 나는 교육행정가로 활동하던 시절에 한 베테랑 교사에게 이렇게 물었던 적이 있다. 학생들에게 "무엇을 가르칠지 어떻게 결정합니까?"

그녀는 말했다. "글쎄요. 저는 요구하는 대로 가르칩니다." 나는 되물었다. "좀 더 구체적으로 말씀해 주세요." 다시 그녀는 말했다. "교육에 관해서는 정부와 지역의 기준, 그리고 등급 수준이 있어요.

이러한 것들에 따라 무엇을 가르쳐야 할지 결정합니다.”

나는 그녀의 대답이 여전히 만족스럽지 않았다. 그래서 그녀에게 여러 번 물어본 후에야 솔직한 대답을 얻을 수 있었다. 그녀의 솔직한 대답은 바로 이것이었다. “전 내가 좋아하는 걸 가르칩니다.”

나는 그녀에게 계속 물었다. “선생님이 좋아하는 것과 학생들이 좋아하는 것이 다르면 어떡하지요? 만약 우리 모두가 자신이 좋아하는 것만 가르친다면, 학습 과제의 관련성을 학생들에게 갖게하는 것은 누구의 몫입니까?”

그 여교사는 학습 과제의 관련성을 찾아내는 것이 학생의 몫이 아니라 바로 자신의 몫이라는 것을 알고 당황하였다. 그와 마찬가지로, 경영자의 역할은 직원들이 의미 있어 하는 것에 초점을 두어야 한다.

나는 그 여교사의 말과 나의 생각을 한번 실험해보고 싶었다. 다음 날, 나는 초등학교 5학년에 재학중인 아들 블레이크를 농구장으로 데리고 가면서 물어보았다. “오늘 학교에서 뭘 배웠니?”

아이는 말했다. “아무것도 배운 것이 없는데요. 우리는 그냥 바쁠 뿐이에요.”

“그게 무슨 말이니?”

“글쎄요. 선생님은 우리와 함께 무엇을 할지 몰라서 영화만 보여주었어요. 우리는 항상 뭔가 바쁘지만, 배우는 것이 없어요.”

나는 갑자기 관련성에 관한 이론이 생각나서 말했다. “블레이크, 너는 무엇에 관심이 있니?”

아이는 잠깐 생각한 후에 대답했다. "발신자번호 확인서비스는 누가 전화하는지 어떻게 아세요?"

"잘 모르겠구나. 내가 알아봐 주마. 또 뭘 알고 싶지?"

"비누 거품은 어떻게 나오는 거예요?"

"모르겠구나. 그것도 내가 알아 봐 주마. 또 알고 싶은 것이 있니?"

앞선 두 질문처럼 세 번째 질문도 재미있었다. "아빠, 높이 올라갈수록 산소가 적어지죠. 맞나요?"

"그래, 맞단다." 나는 말했다.

아이가 말했다. "불이 탈 때 산소가 있어야만 되는 거죠?"

나는 그가 생각을 어느 쪽으로 몰고 갈지 몰랐지만, 동의한다는 의미에서 고개를 끄덕였다.

아이가 "그렇다면, 태양은 굉장히 높은 곳에 있는데 그곳에는 산소가 없잖아요. 그런데 태양이 어떻게 그토록 눈부시게 탈 수 있나요?" 하고 물었다.

나는 이 문제를 숙고하면서 "학생들의 관심사는 무엇인가?"에 관한 커리큘럼을 설계하는 것만큼 몰입되고 마음을 끄는 방법이 없다는 점을 깨달았다.

이러한 것들이 비즈니스와 대체 무슨 상관이 있을까? 우리는 사람들에게 어떤 것에 관심이 있으며 무엇을 알고 싶은지 물어 보아야 한다. 실제로 이렇게 할 때, 경영자들은 직원들에게 바라는 가장 의미있는 질문들을 끄집어 낼 수 있다. 경영자가 사람들의 상상력, 호기심, 질문들을 제대로 포착해야만 직원들을 새롭고 흥미있는 방법으로 몰입시킬 수 있다. 그러나 경영자가 만약 직원들이 업무에서 어떤 것에 호기심이 있는지를 모른다면 이들을 도울 기회는 사라지게 된다.

관련성을 창조한 두 명의 유명한 대가들

나의 파트너였던 랜디 루트Randy Root는 관련성을 활용하여 비즈니스를 성공시킨 두 명의 경영자, 앨버트 캔터Albert Kanter와 월트 디즈니Walt Disney에 대해 자주 언급하였다. 이들은 각기 서로 다른 방법으로 중요한 일들을 알리고 이를 모든 직원들과 공유하고 이해시켰다.

1941년부터 1971년 사이에, 고전 예화Classics Illustrated(클래식 코믹이라고 알려지기도 함) 프로그램은 베이비 붐 세대와 참전 용사뿐만 아니라 다양한 연령대의 아이들에게도 전 세계의 유명한 작가들의 이야기를 소개하는 역할을 했다. 이 시리즈의 창시자인 앨버트 캔터에게는 소박한 꿈이 있었다. 즉 이 귀한 책들을 대중매체에 소개하는 것이었다. 그는 이러한 이야기 소재들을 각색하고 삽화를 넣어 만화(그 당시의 일반화된 매체) 형태로 출간하였다.

1950년대 중반, 그는 100여 개 주제로 된 책들을 20여 개의 언어로 번역 출간하였는데 이 중에는 호머Homer의 《오디세이Odyssey》, 셰익스피어William Shakespear의 《햄릿Hamlet》 그리고 아브라함 링컨Abraham Lincoln과 데이비 크로켓Davy Crockett의 자서전도 포함되어 있었다. '고전 예화'의 성공비결은 바로 시대를 초월한 흥미진진한 이야기들을 다시 각색했다는 점이다. 번역판 자체도 역시 예술이었다. 이러한 보물들을 사랑하는 모든 이들은 똑같은 경험을 하였다. 즉 이들은 그 이야기에 정신이 팔려 복잡한 줄거리나 많은 등장인물에도 상관없이 모두 그 이야기를 이해할 수 있었던 것이다.

다른 사례를 보자. 80여 년 전에는 그 누구도 월트 디즈니에 관해 들어 본 적이 없었다. 그러나 1928년부터 그의 작품은 글로벌 문화의 하나가 되었다. 캔터처럼 디즈니도 훌륭한 이야기인 동화(그 당시에는 잘 알려지지 않았음)를 각색하였다. 그는 움직임과 애니메이션을 첨가하는 방식으로 이야기를 자유롭게 만들었다. 등장인물이 움직이고 말하고 노래하게 만듦으로써 그는 모든 어린이들과 부모들의 생활에 새로운 활력소를 불어 넣었다. 디즈니의 마법은 계속되었고, 우리는 그 이야기를 이해하고 자신들과의 관련성을 꿈꾸게 되었다. 등장인물들을 예화로 들어 그는 전 세계 모든 연령대의 사람들을 끌어들였다. 캔터와 디즈니는 모두 이야기 소재들을 독자들에 맞게 각색하였기에 관련성을 창조한 대가라고 할 수 있다.

경영자가 해설가처럼 행동하지 않으면 직원들은 이해할 수 없다

교사가 자신이 좋아하는 것만을 가르치려고 하는 것처럼, 경영자도 자신의 관점에서만 이야기를 하는 경우가 많다. 경영자는 대부분 모든 이들이 이해할 수 있는 명료한 전략보다는, 소수만이 이해할 수 있는 언어로 전략을 만든다. 이를테면 이들은 '불타는 갑판burning platform', '전략적 플랭크strategic plank', '핵심초점영역vital focus area' 등 전문용어를 사용한다. 많은 경우에 경영자는 사람들이 보통 이해하기 어려운 전문용어를 사용한다.

경영자는 직원들이 이해할 수 있을 때까지 해설가의 역할을 계속해야 한다. 해설가의 역할은 경영자와 관리자가 가장 잘 이해하지 못하는 부분일지도 모른다. 우리가 수백 개의 회사들과 같이 일하면서 가장 자주 듣는 말은 바로 이것이다. "내가 무엇을 개선해야 할지 모르겠습니다.", "회사에 공헌하기 위해 내가 무엇을 해야 할지 모르겠습니다." 이는 몰입에 관해서 말하자면, 경영자가 전략을 적절한 미래 행동으로 안내하는 해석을 제공하는 데 실패한 것을 의미한다.

해설가로서의 경영자의 핵심과업은 비즈니스의 모든 상황에 대해 직원들에게 비유적으로 그림을 그리고 해설해 주는 것이다. 여기에는 최근의 비즈니스 환경, 시장의 특성, 고객, 경쟁, 주요전략 등이 모두 포함된다. 이렇게 하면 흥미로운 이야기를 구성할 수 있는데, 이는 마치 '고전예화' 처럼 명료하고 매혹적일 것이다.

경영자는 또한 자신의 설명이나 도해를 역동적으로 구성해야 한다. 즉 직원들로 하여금 원인과 결과를 이해하도록 해야 한다. 이를테면 전략의 실행방안, 현재의 상태, 핵심 연결 부분에서 모든 부서가 함께 해내야 할 역할 등에 대해 설명해 주어야 한다. 전략은 정적인 것이 아니다. 비즈니스의 변화와 고객니즈에 따라 변하는 것이다.

1. 여러분은 관련성을 활용하여 직원들을 얼마나 효과적으로 몰입시키는 가? (즉 만약 여러분이 코미디언이라면 관중은 웃어주겠는가? 아니면 썰렁해 하겠는가?)

2. 만약 조쉬가 전략기획실에 앉아 있다면, 그가 전략을 이해할 수 있겠 는가? 재미없고 따분한 조직전략을 직원들의 입맛에 맞게 변화시켜 이들이 쉽게 이해하도록 만들기 위해 어떤 조치를 취할 수 있겠는가?

3. 조직 구성원들에게 비즈니스에 관해 가장 알고 싶어하는 문제가 무엇 인지 물어본 적이 있는가? 만약 있다면, 가장 최근 시기는 언제였는 가? 조직 구성원들은 비즈니스에 관해 어떤 부분을 가장 알고 싶어 하는가? 이것을 어떻게 알아낼 수 있는가?

4. 여러분은 자신의 비즈니스에서 어떤 부분을 가장 알고 싶어 하고, 이 것을 알기 위해 어떤 조치를 취하고 있는가?

5. 자신의 비즈니스에서 발생했던 재미있는 이야기들을 어떻게 '클래식' 이나 '디즈니' 형식으로 각색할 수 있겠는가?

6 장

두려움을 느끼면 몰입할 수 없다

> ❝ 직장에서 형식주의를 일정수준 벗어버리게
> 하지 않는 한, 구성원들은 두려움과 조심스러움
> 에 묻히게 되고, 그것은 결국 자신들의 성과를 저
> 해하게 된다. ❞

　당신은 아마 아브라함 매슬로우Abraham Maslow의 욕구단계 이론을
들어 보았을 것이다. 1940년대에 만들어진 이 이론은 인간의 동기부
여 요인에 대해 잘 설명하고 있다. 가장 하위 수준 욕구는 물질적 욕
구로서 산소, 음식, 물 등이 해당된다. 그 윗부분은 심리적 욕구로서
안전감과 같은 것이 있다.

　사람들은 안전감을 느끼지 못할 때 찾아오는 두려움이 행동을 지
배하게 된다. 두려움으로 인해 자신을 잃기도 한다. 조직생활에서 두
려움이 있으면 능력을 제대로 발휘할 수 없다. 두려움이 있으면 조심
스럽고 위축되며 감시를 받는다고 생각하고 안전감을 되찾기 위해
안간힘을 쓴다.

안전감을 느끼는 자유

사랑이나 인정을 받지 못하는 것은 많은 이들에게 큰 영향을 미친다. 이러한 경험은 어린 시절의 또래 집단의 압력으로부터 시작된다.

나는 고등학교 행정을 맡아 일할 때, 가을학기마다 신입생들이 흥분에 들뜬 모습을 본 적이 있다. 많은 신입생들은 스포츠, 연극 등 다양한 동아리나 학생회에 참여하려는 꿈을 가지고 있었고 자신들의 재능을 하루빨리 발휘하고 싶어했다. 하지만 반년쯤 지나고 나면 일부 학생들은 자신들의 꿈을 이루지만, 대부분의 학생들은 그렇게 되지 못한다. 목표를 이루지 못한 일부 학생들은 방과 후에 남아 계속 연습활동을 해야 한다. 하지만 그마저 성공할 기미가 보이지 않으면, 어떤 학생들은 아예 이름만 올려놓는 사람으로 전락한다.

일부 학생들은 낙제처리 유예 기간을 거치게 되고 완전히 제명되기도 한다. 실패에 대한 두려움이 엄습해 오면 학생들은 자신이 학교의 진정한 일원이 될 재능이 없다고 여긴다. 이렇게 되면 이들은 가입하기 제일 쉬운 그룹에 들어간다. 정말 안타까운 일이다.

이런 사태에 대응하기 위하여 우리는 사전시험이나 선발절차가 없는 교내 프로그램을 운영하기 시작하였다. 전형적인 프로그램이 바로 심야 카누여행이다. 어느 해인가 '문제아' 가 이 프로그램에 가입하였다. 카누를 빌리러 가는 길에 그는 제멋대로 행동하였다. 우리의 카누 출발지점에 도착했을 때에도 그는 여전히 버릇없게 굴었다.

운명의 장난인지 모르겠지만 그 학생이 내 카누에 함께 타게 되었다. 두려움을 주는 또래집단의 압력과 안전감이라는 힘이 교차하는 상황이 왔다. 우리가 카누를 타고 막 출발했을 때, 그는 여전히 제멋대로였다. 그러나 카누가 강의 모퉁이를 돌아 우리 팀만 남게 되자 그의 태도가 갑자기 변하였다. 거칠었던 그는 자연환경에 매혹된 호기심 많은 청소년으로 변해 있었다. 그는 더 이상 다른 사람들의 눈을 의식하지 않고 강에서 뛰어 노는 송어와 강가의 사슴에 매료되어 있었다. 그는 잇달아 질문들을 퍼붓기 시작하였다. 호기심에 가득 찬 이 행복한 학생은 과거의 비행소년이 아니었다. 동료 집단의 사회적 압력의 두려움이 사라지자 그는 본연의 자기모습을 드러내기 시작했던 것이다.

농구팀에서도 제명되었던 15살 난 이 학생이 열정적 자연주의자로 거듭나게 된 일이 비즈니스와 무슨 관계가 있을까? 사실 관계가 매우 크다.

동료 집단의 사회적 압력으로 인해 청소년들은 자신들의 본래 모습을 갖지 못하는 경우가 많다. 이는 적응하지 못하고 소속감을 갖지 못하는 데서 비롯된 두려움 때문이다. 마찬가지로 조직생활에서도 사람들은 인정받거나 존경받지 못할 것이라는 두려움 때문에 자신들의 진짜 모습을 감춘다. 이러한 상황들은 모두 위험하다. 왜냐하면 사람들이 가지고 있는 진정한 재능과 역량이 억압을 받으며 그에 따른 이탈행동이나 직무태만 등이 일어날 수 있기 때문이다.

고등학교에서 나는 학생들이 자신의 본래 모습대로 활동할 수 있는 여건을 마련해 주려고 노력하였다. 조직의 리더는 구성원들로 하여금 조직에서 자신들이 거부될 수 있고 단죄의 대상이 될 수 있다는 두려움을 갖지 않고 진실되게 행동할 수 있는 환경을 마련해 주어야 한다. 이렇게 함으로써 개인의 역량과 재능을 꽃피울 수 있는 것이다.

사람들은 무엇을 두려워하는가?

사람들에게 직장에서 제일 두려운 것이 무엇이냐고 묻자 다음과 같은 답이 나왔다.

- 자신의 공헌이 가치를 인정받지 못할까 두렵다.
- 자신의 개인 신념이 조직의 가치와 일치하지 않을까 두렵다.
- 일하는 방식의 변화에 적응하지 못할까 두렵다.
- 새로운 기술을 연습할 안전한 곳이 없을까 두렵다.
- 실패가 두렵고 실패로부터 배우는 것이 결코 안전하지 않다고 생각한다.
- 자신의 진짜 의견을 말하는 것이 두렵다.
- 업무의 개선방안에 대해 말하는 것이 두렵다.
- 반대하는 것이 두렵고, '문제아'로 취급당할까 두렵다.

조직은 규범, 정책 및 요구사항을 만들어 구성원들로 하여금 특정된 방법으로 행동하고 생각하게 만든다. 구성원들은 조직의 규정대로 행하지 않으면 적응하지 못하는 것이 되고, 따라서 그것이 부정적인 영향을 미칠까 두려워한다.

일주일 중에서 제일 안전한 때는?

사람들은 안전감 속에서 일하고 안전감을 느끼는 상황에서 최선을 다할 수가 있다. 그러한 상황에서는 타인들이 자신을 어떻게 보는지를 생각할 필요가 없는 순간이기도 하다. 바로 이러한 일은 한 주간을 보낸 주말에 일어난다. 매 시간마다 자신의 초상화를 그리는 일을 한다고 생각해 보자. 그러면 최고의 자화상은 대부분 주말이나 퇴근 후에 그려질 수 있을 것이다.

내 경험에 의하면, 사람들은 조직에 큰 공헌을 하는 기분으로 출근하고 싶어한다. 하지만 생존이 항상 우선적인 과제가 되어왔다. 조직 외부로부터의 변화, 복잡성, 특수성, 아웃소싱 및 회사분할 등으로 인해 구성원들은 늘 미래에 대한 두려움으로 가득 차 있다.

구성원들은 안전을 갈망하면서 방어적 행동에 빠져 있다. 이들은 주말이나 퇴근 후에 안전감을 느끼는데, 이때가 바로 자신들이 의미 있는 일에 공헌하고(가정 혹은 개인생활), 타인을 돕고(자원봉사 조직), 자신들이 내린 결정이 결과에 영향 미친다는 점(환상적인 축구팀)을 알 때이다.

이와 같은 안전한 상황에 있을 때, 사람들은 방어적이지 않고 주저하지 않으며 자신의 믿음을 저버리지 않고 목표에 냉담하지 않게 된다.

사람들은 자신을 보호하기 위한 갑옷을 입고 출근한다.

까다로운 문제라도 털어놓고 토론할 수 있게 하라

경영자는 사람을 몰입시키는 일이 바로 자신의 궁극적 목표라는 점을 알아야 한다. 그러나 인간은 진정으로 안전감을 느끼기 전에는 절대로 몰입하거나 높은 성과를 내지 못한다. 조직의 대부분 규범이 구성원을 허위행동을 하게 만든다는 것을 경영자가 이해하게 되면, 경영자는 조직의 장벽을 허물고 까다로운 이슈들을 허심탄회하게 토론하도록 만들어 주어야 한다.

생각을 허심탄회하게 공유하도록 하기 위해 안전지대를 만드는 것을 도전과제로 삼았던 회사 중의 하나가 대규모 점포를 가진 페트코 PETCO다. 애완동물 산업에서 가장 수익이 높았던 페트코는 급격하고 다양한 경쟁환경으로 인해 그 위치를 잃어갔다. 페트코의 경영자는 과거에 누렸던 최고의 지위를 되찾기 위해 전사적 혁신을 실시하였고 이를 위해 직원들에게 시장환경의 변화와 조직전략을 알려 주었다. 이는 페트코의 현 상황을 허심탄회하게 의논하고 구성원 역량을 자유롭게 발휘하기 위한 것이었다.

페트코의 인사담당 수석 부사장인 챌리 피시텔로Charlie Piscitello는 말했다. "우리는 그동안 현장의 소리를 귀담아 듣지 않았습니다. 그 결과 현장 직원들은 자신들이 무엇을 생각하는지 우리에게 알려주지 않았습니다."

혁신의 첫째 절차는 바로 이와 같은 사실을 언급하는 것이었다. 페트코는 직원들을 그룹으로 나누어 산업동향과 페트코의 전략에 대해 솔직하게 토론하도록 하였다. 결과는 대만족이었다. "그건 정말 훌륭한 출발이었죠. 직원들이 솔직하게 털어놓도록 격려함으로써 그들을 절망에서 구원한 셈이지요. 이들은 회사의 전략을 이해하고, 회사가 올바른 길을 가려고 노력한다는 것과 회사가 직원들을 귀중한 존재로 여기고 있다는 것을 알았죠. 그리고 자신들이 어떻게 회사에 공헌할 수 있는지도 이해하게 되었죠. 그들은 절망에서 희망으로, 희망에서 믿음으로 옮겨가게 되었어요. 지금 그들은 그 믿음을 가지고 행동할 수 있게 되었어요."

피시텔로는 직원들에게 이러한 새 접근법을 어떻게 생각하는지 물었다. 모든 직원들의 대답은 한결 같았다. "나는 정확한 답을 말하지 않으면 경멸당하거나 바보취급을 받는다는 생각때문에 두려웠습니다. 지금은 정확한 답을 제시할 수 없더라도 말하는 것이 두렵지는 않아요. 왜냐하면 우리가 모두 같이 해답을 찾는 분위기이기 때문이죠."

이러한 사례를 보면 사람들이 안전감을 느끼기 전에는 절대로 위험을 감수하지 않는다는 것을 알 수 있다. 직원들이 함께 해답을 찾도록 격려하지 않으면, 두려움이 커지고 조직문제의 해결방안을 찾을 기회는 적어진다.

형식적인 것이 두려움을 가중시킨다

유명한 경영자인 래리 보시디Larry Bossidy는 "실행에 집중하라!"고 말한다. 그는 또한 효과가 발휘되려면 솔직해야 하며 형식적인 것은 솔직함을 떨어뜨린다고 말했다.

직장에서 형식적이라 함은 비즈니스 문화를 나타내는 규범과 절차를 의미한다. 어떤 회사에서는 특정 직원들만을 가치있게 여긴다. 일정한 수준의 직급 타이틀을 갖지 못하면 전략회의에 참석할 수도 없다. 이는 역할을 기준으로 한 것이지 사고능력을 기준으로 한 것이 아니다. 이러한 강제적 형식은 두려움, 불확실성 및 자신감 상실을 동반한다.

나는 첫 전문직을 맡을 때 학교 사무실에서 경험 많은 사람들과 함께 일했다. 상사는 내게 이렇게 말했다. "누구한테도 자네가 스물한 살이고, 학부생이라는 것을 말하지 말게." 나는 동료들이 나를 애송이로 볼까봐 콧수염을 길렀다. 나는 내 역할을 제대로 하려면 그에 걸맞는 외모를 꾸며야 한다고 생각했다.

30여 년간 5백여 개의 글로벌 회사의 많은 경영진과 일한 경험에 의하면, 이상하게도 직원들이 '콧수염'을 기르는 데는 이유가 있었다. 형식적 대화, 지루하고 맥 빠진 사업점검, 협의된 사항을 지키지 않는 회의, 중대한 이슈 회피하기 등 불안한 분위기를 조성하는 이 모든 것들은 콧수염과 관계가 있다.

직원들은 동료 간의 대화에서보다는 집단압력 상황에서 굴복하기 쉽다. 그들은 자신이 틀려 보이거나 혹은 연약하게 비춰지는 말은 삼가할지도 모른다. 직장에서 형식주의를 일정수준 벗어버리게 하지 않는 한, 직원들은 두려움과 조심스러움에 묻히게 되고 이것은 결국은 자신들의 성과를 저하시키게 된다.

인간이란 자기 자신들을 위해 일하는 점, 또한 인간에게는 안전감이 필요하다는 것을 경영자는 알아야 한다. 직원들이 안전감을 느끼지 못하면, 이들의 모든 행동은 안전지대를 찾는 데 집중하게 된다.

불행하게도, 대부분 조직은 공포 분위기를 조성하고 지속하는 데 혈안이 되어 있다. 구성원들의 이탈 행동이 일어나는 것은 당연한 일이다.

7 장

큰 그림을 보지
못하면 몰입할 수 없다

> 66 경영자가 직원들의 지혜를 믿고 큰 그림에 대해 생각하게 만든다면, 직원들은 더욱 몰입하고 비즈니스를 개선시킬 수 있다는 것을 알 수 있다. 99

한 CEO가 현장 직원에게 조직에 관해 물어보았다. 그 직원은 이렇게 대답했다. "경영진은 모두 엉망입니다. 난 그들을 믿지 않습니다."

"왜 그러는데요?" 그 CEO가 묻는다. "뭘 보았길래 그러나요?"

그는 대답했다. "난 언제나 그들이 아주 무능하다고 생각했어요. 우리 회사는 유행만 따르거든요. 경영진은 자기들끼리 만족하거나 혹은 실제 일을 하는 우리보다는 다른 사람들을 만족시키는 데 혈안이 돼 있습니다. 경영진들은 무엇이 우선순위인지에 대해 동의하지 않을 거라는 걸 알았죠."

그는 계속 말했다. "경영진들은 직원들을 설득시키고 이해시키는 활동이 매우 부족합니다. 그들은 우리가 이해하지 못하는 용어들, 가

전체 그림을 보지 않고 퍼즐 조각을 맞추기는 너무 어렵다.

령 CRM, TQM, ERP, 공급사슬, 린, 카이젠 등의 말을 사용합니다. 경영진은 직원들이 이 용어들이 어떻게 사용되고 있으며 어떻게 서로 연관되어 있는지 이해하고 있다고 생각하는 것 같아요. 그건 마치 직원들에게 수많은 퍼즐 조각을 계속 넘겨주는 것과 같은 데도 말입니다. 그런데 문제는 이 퍼즐 조각들은 서로 연관성이 없어 보인다는 것입니다. 한 조각은 '혁신'이라고 말하고, 다른 조각은 '비용절감'이라고 말하지요. 또한 한 조각은 '빠르게 가라'고 말하고, 다른 조각은 '늦추라'로 말합니다. '고객을 즐겁게 하라'는 조각과 '재고를 줄이라'는 조각도 있습니다. 일주일도 채 가기 전에 직원들은 서로 모순되고 맞지 않는 퍼즐 조각들을 또 받게 되지요. 이러한 퍼즐 조각들을 테이블에 올려놓고 분석해 보면, 이것들이 같은 퍼즐 상자에서 온 것이 아니라고 결론지을 수 있죠."

"전체 그림이 실려 있는 퍼즐 상자의 뚜껑을 보내준다면 우리가 이조각들이 서로 어떻게 연관되어 있는지를 한눈에 볼 수 있게 될텐데말입니다. 이해하는 것이 그렇게 어려운 건가요? 경영자들이 전체그림을 모르면서 수백 개의 작은 조각들을 가지고 퍼즐 조각들을 맞추려 한다면 얼마나 오래 걸릴지 모르죠. 그들은 포기하게 될거고 우리 부서의 많은 사람들도 결국은 포기하고 말 것입니다. 퍼즐 조각들의 연관성을 찾아내는 대신, 우리는 단지 다음 퍼즐을 기다리거나 다음 업무지시가 내려지기만 기다리지요. 우리는 퍼즐 조각들만 보고서는 전체 그림을 볼 수 없습니다. 왜 경영자는 우리에게 비즈니스퍼즐 상자의 뚜껑에 있는 그림을 보여주지 않는 거지요?"

이 퍼즐 이야기는 많은 기업들이 구성원들에게 큰 그림을 볼 수 있도록 가르쳐야 한다는 점을 말해준다. 간단하게 말하면 '큰 그림'이란 비즈니스 및 그 이슈에 대한 전반적인 관점 및 여러 요소들의 연관성을 고려하는 것이다. 신뢰가 있는 회사는 절대로 정문에 이런 간판을 남기지 않는다. "우리는 이곳에서는 거의 생각이란 걸 필요로하지 않습니다." 그렇지만 이러한 현상이 실제로 발생하고 있다. 이런 현상이 발생하는 세 가지 이유에 대해 알아보자.

1. '시스템 관점'에서 크게 생각하지 않는다면?

회사는 직원들이 시스템 관점에서 생각하도록 도와야 한다. 시스템이란 여러 단계 혹은 관련 요소들의 집합이다. 관련 요소들이 조직화될 때 하나의 복합적인 전체가 된다. 시스템은 현재의 위치와 목표를 향한 구체적 길을 알려주는 지도이기도 하다.

미국 고속도로 시스템을 생각해 보자. 고속도로 시스템은 사람들에게 한 곳에서 다른 곳으로 이동할 수 있게 하는 경로와 여행 코스의 네트워크다. 고속도로 시스템은 복잡한 네트워크의 간단한 한 가지 예로서 '시스템 사고'의 개념을 적용할 수 있다.

내가 어렸을 때, 우리 가족은 여름에 늘 도로를 이용한 여행을 했다. 여행은 새롭고 흥미로운 목적지와 숙박할 수 있는 야영지 선정에서부터 시작한다. 우리는 늘 '미국자동차협회AAA'에 가면 얻을 수 있는 트립틱TripTik 지도를 이용하였다. 이 지도는 우리 여행의 전반적인 여정을 계획하도록 도와준다. 우리는 집에서부터 여행의 경로를 자세히 표시할 수 있었다. 여행 전에 지도를 보기 때문에 우리가 어디로 가는지, 어느 곳에서 얼마나 머무를지, 다른 곳으로 가기 위해 가장 좋은 방법은 무엇인지, 주요 관광지가 어디인지, 피해야 할 과속감시구간과 공사현장은 어디인지, 이동 소요시간은 얼마인지 등을 자세히 알 수 있었다.

이는 우리가 하나의 시스템적 관점을 가지고, 즉 각 주, 지방 그리고 캠핑장소 등 우리에게 필요한 모든 지역에 대한 정보를 얻는 지도를 만들 수 있게 해준다. 길을 잘못 들어설 때는 트립틱을 꺼내봄으로써 다시 제 길을 알아낼 수 있었다. 트립틱을 이용하여 모든 목적지를 찾고서는 기뻐했다. 우리는 전체 여정에서 현 위치가 어디이고, 얼마나 왔으며, 다음 목적지까지 거리가 얼마인지 정확히 알 수 있었다.

훗날 비즈니스 분야에서 일하면서 혼자 전국을 여행할 때(트립틱의 도움 없이), 나는 렌트카에서 길이 서로 어떻게 연결되어 있는지 몰라서 헤맨 적이 종종 있었다. 이런 문제는 네버로스트NeverLost라는 GPS 시스템으로 해결될 수 있었다. 재미있는 것은 내가 이 도구를 사용하면 할수록 내가 어디 있는지, 어디로 가고 있는지, 어떻게 가는지 더더욱 모르게 된다는 사실이다. 나는 '여행은 시스템'이라는 기존 생각 대신 차 앞좌석에 붙은 작은 박스에 의존하게 되었다. GPS 시스템이 위성과 연락이 끊기는 운 나쁜 날에는 단지 길만 잃은 것이 아닌 절망감에 휩싸이게 되어 버리고 만다. 나는 전체 여정에 대한 큰 그림이 전혀 떠오르지 않았고, 또한 '시스템'의 중요 요소가 무엇인지, 이런 요소들이 서로 어떻게 연결되는지, 제 길을 되찾기 위해 어디에서 차를 돌려야 하는지를 전혀 알 수 없었다.

처음 이러한 사실에 접했을 때 "아, 바로 이것이구나."라는 느낌을 받았다. 조직에 시스템적 관점이 없을 때, 어떤 느낌을 갖게 되는 것인지를 비로소 깨닫게 된 것이다. 시스템 관점이 없는 조직은 여러 가지 행동들이 서로 연관성이 없고, 조직의 현 위치가 어디인지도 모르며, 조직 목표에 도달하기 위한 절차가 존재하지 않게 된다.

만약 당신이 트립틱도 없고 GPS도 없이 가족여행을 떠났거나 AAA가 무엇인지도 모른다면 피터 센게Peter Senge의 책《제 5경영The Fifth Discipline》에서 그와 같은 느낌이 어떤지를 알 수 있다. 센게는 사람들은 어린 시절부터 복잡한 문제를 분석하여 이를 잘 관리할 수 있도록 하는 방법을 배운다고 말한다. 이와 같은 방법은 그 시도는 좋으나 또 다른 문제를 야기하게 된다. 이런 분석 방법의 문제점은 사람은 스스로 행한 행동이 어떤 결과를 내는지 모르고, 그 행동이 어떻게 큰 목표와 연관되는지도 모르게 된다.”는 것이다. 그렇게 되면, 우리는 이러한 행동들을 마음속에 새로 짜 맞추려고 하지만 헛된 노력이 되고 만다. 왜냐하면 이렇게 분해된 행동들이 처음 의도했던 대로 전체적 틀에 맞게 잘 맞추어지지 않기 때문이다. 따라서 우리는 결국 모두 포기하고 만다.

사람들은 시스템 관점으로 생각하기 전까지 절대로 크게 생각하는 방식을 가질 수 없다. 그들은 전체 시스템을 보기 전까지는 몰입할 수도 없다. 그러므로 이 총체적인 관점을 제시하는 것이 바로 경영자의 몫이다.

2. 구성원들이 비즈니스 전체에 대해 크게 생각하지 못한다면?

경영자는 항상 직원들의 잠재력을 과소평가한다. 경영자는 또한 직원들이 정신적으로 최고 수준을 발휘해 줄 것을 기대하지도 않는다. 따라서 직원들은 비즈니스 전반에 대해서 잘 모른 채 일해야 하는 경우가 많다.

우리는 제약회사인 웨스트 코스트West Coast와 일한 적이 있다. 이 회사는 직원들에게 비즈니스 효율화를 위해 필요한 업무 프로세스 변화를 이해시키는 데 어려움이 많았다. 우리는 주문 프로세스에서 고객 중심의 관점을 접목시키기 위하여 "고객의 주문에 밀착 관리하라"라는 〈하버드 비즈니스 리뷰〉 논문을 그들에게 보여 주었다. 이 논문은 구성원이 상품의 주문부터 배달 단계까지 모든 절차를 직접 체험한다면 소비자의 고충을 가장 잘 이해할 수 있다는 점을 설명하고 있다.

우리는 고객사를 도와 직원들이 생산 프로세스의 변경 및 그 이유를 이해하도록 만들기 위해 하나의 주문이 처리되는 단계, 이송과정, 최종 결과 등을 자세히 설명하는 그림을 제작하였다. 이 회사 경영진은 그 주문의 시작단계부터 최종단계까지의 모든 절차를 자세히 이해하기를 바랐다.

이렇게 새로 도입된 시각화된 커뮤니케이션 방법의 효과를 경험한 한 경영자는 고객들과 상대하는 직원들이 가진 지적 수준과 에너지에서 여태껏 잠재된 능력이 개발되지 못했던 것에 대해 놀랐다. 이 경영자는 말했다. "우리는 지난 10년 동안 직원들의 업무능력을 향상시키려 무척 노력했습니다. 이런 노력은 모두 비즈니스의 성과창출을 위한 것이었지만, 우리는 진정 이들에게 비즈니스에 관해서는 아무것도 알려준 것이 없었던 겁니다. 만약 우리가 고객이해, 고객니즈를 만족시키는 방법 등과 같은 차원 높은 비즈니스 이슈에 초점을 두었다면 어떠했을까요? 우리가 지금까지 직원들의 잠재력을 여태껏 개발하지 않았다는 사실을 알았어요. 만약 직원들을 개발하는 노력을 기울였다면, 우리의 성과는 급격히 올라갔을 것입니다."

"고객주문을 밀착 관리하라."는 개념은 이 회사 리더십의 본보기가 되었다. 그 결과 이 회사의 경영진은 고객을 상대하는 직원들의 머릿속에 들어있는 고객서비스 절차를 존중하고 이용해야 한다는 인정프로그램을 만들게 되었다. 현장 직원들이라 할지라도 대부분 비즈니스의 큰 그림을 이해할 수 있는 능력을 가지고 있다는 점을 이 회사 경영진들은 발견하게 된 것이다. 그에 따라 경영진들은 비즈니스의 큰 그림을 시각적으로 그려서 모든 부서의 직원들이 전반적으로 비즈니스를 이해할 수 있도록 하였다. 이는 아주 커다란 혁신이었다.

또 다른 사례를 보자. 1990년대 말, 시어즈Sears 백화점 경영진은 '일하기 좋은 회사, 쇼핑하기 좋은 회사, 투자하기 좋은 회사'를 만들려면 구성원들이 어떻게 해야 하는지를 이해할 수 있게 하였다. 이 회사의 CEO는 회사에서 진행된 컨설팅 회의에서 내 옆에 앉아 파트타임 직원들이 판매 비즈니스와 시어스 고객 만족에 대해 큰 그림을 그리는 과정에서 이야기하는 것을 관찰하였다. 그들의 이야기에 귀를 기울이면서 CEO는 직원들이 제대로 이해하고 있지 못한 핵심 이슈들을 적어 두었다. 그러나 몇 분 후에 CEO는 자기가 적은 일부 내용에 줄을 그어 지워 버렸다. 몇 분이 또 지나자, 그는 이들이 시어즈가 일하기 좋은 회사, 쇼핑하고 투자하기 좋은 회사가 되기 위해 어떻게 해야 하는지를 토론하는 내용들 중에서 좋은 아이디어들을 열심히 적기 시작하였다. 그는 파트타임 직원들이 가지고 있는 이슈에 대한 열정, 지식 및 혁신에 크게 놀랐을 뿐만 아니라 이들이 제시한 훌륭한 해결 방안에도 또한 크게 놀랐다. 그의 설명은 바로 이렇다. "이들이 제시한 아이디어는 경영진이 제시한 것들보다 더 좋은 내용들이군요." 경영진이 직원들이 가진 최고의 지적 수준에 호소한다면 최고의 반응을 얻을 수 있는 것이다.

위의 두 가지 사례를 통해, 경영자가 직원들의 지혜를 믿고 큰 그림에 대해 생각하게 만든다면, 직원들은 더욱 몰입하고 비즈니스를 개선시킬 수 있다는 것을 알 수 있다.

3. 비즈니스 패러독스에 대해 크게 생각하지 못한다면?

모든 전략에는 상충되는 요소들이 있다. 하지만 회사는 직원들에게 이러한 모순점들이 있다는 점을 일깨워 주지 않는다. 그래서 사람의 행동과 이슈가 따로 놀 수 있는 것이다.

최근 한 유명한 제조업체는 경쟁에서 이기기 위해 지속적으로 노력해오면서 몇 년간 운영계획은 만들지 않았다. 이 회사의 경영진은 재고 감축, 고객 만족 개선, 완성 주문량 늘리기라는 세 가지 핵심 목표에 집중하였다. 재고 감축과 완성 주문량 늘리기는 상충되는 개념으로서 많은 직원들이 혼란스러워 하였다. 직원들은 이를 마치 하루는 재고 감축 작업을 해야 하고, 다른 하루는 주문상품을 만드는 작업을 하는 것으로 이해하였다. 즉 직원들은 기업의 두 가지 의미가 담긴 말을 이해하지 못하였던 것이다.

이 제조업체 직원들은 대부분 상반된 두 개의 목표가 동시에 존재할 수 있다는 사실을 몰랐던 것이다. 이러한 패러독스에 대해 설명을 해주자, 직원들은 시장에 대한 큰 그림을 이해할 수 있게 되었고 따라서 어떻게 두 개의 행동이 동시에 존재할 수 있는지도 이해하게 되었다. 그 결과 이 제조업체는 서로 상충된 것처럼 느껴지는 두 개의 일을 동시에 진행하면서 연간 계획을 달성할 수 있었다. 이 업체는 궁극적으로 몇 백만 달러의 운영비를 절약할 수 있었고 제때에 배달되는 주문량을 늘림으로써 고객만족도를 높일 수 있었다.

'and'를 이해시키기

전략옹호자들마저도 때로는 전략을 이해하기 어려워 좌절할 때가 있다. 패러독스를 쉽게 생각하여 심도 있게 다루지 않을 때가 있다. 리더십의 핵심은 전략에 대해 '그리고and'라는 관점으로 접근하면서 '또는or'이라는 관점을 없애는 것이다. 겉으로 보기에 상충되어 보이는 전략의 심오한 의미를 자세히 설명하는 일은 일시적 유행을 받아들이는 데 바쁜 조직에게 가장 좋은 치료방법이 될 수 있다.

경영자는 서로 상충되는 해답을 주고받을 수 있는 대화를 이끌어야 한다. 큰 그림을 보게 하는 핵심은 시스템적 관점을 갖게 하고, 큰 그림을 제시하여 사고의 잠재력을 개발하며, 혼동과 불신을 초래하는 '그리고'와 '또는' 간의 패러독스를 조화시키는 것이다. 직원들은 큰 그림을 볼 수 없으면 소속감을 갖지 못하게 되고 비즈니스에 자신이 어떻게 공헌하는지를 이해할 수 없다.

1. 비즈니스를 퍼즐 맞추기로 생각해보자. 직원들이 비즈니스의 큰 그림을 이해하도록 도와줄 수 있는 퍼즐 상자 뚜껑에 있는 전체 그림은 무엇인가?

2. 직원들에게 비즈니스 퍼즐 조각들이 어떻게 서로 연관되어 있는지 알게 하려면 그들에게 무엇을 도와주어야 하는가?

3. 직원들이 자신들의 업무와 관련하여 이해해야 할 주요 시스템은 무엇인가?

4. 이러한 시스템들은 얼마나 잘 정의되어 있는가?

5. 당신은 비즈니스 성과 향상 방법을 찾는 대신 업무 능력 향상 방법을 찾는 데 얼마나 많은 시간을 쓰는가?

6. 조직내에 존재하는 세 가지 주요 패러독스는 무엇인가? 직원들은 이러한 패러독스를 서로 상충되는 것으로 생각하는가? 아니면 서로 조화되는 것으로 생각하는가?

8 장

내 일이 아니면 몰입할 수 없다

> 사람들은 경영진들이 내린 결론에 대해서는 인정하는 편이지만, 행동은 자신들의 방법대로 행하는 것이다. 🙾

납 성분이 든 페인트, 석면, 파워포인트 프레젠테이션의 공통점은 무엇인가? 여러분이 생각하는 것보다 공통점이 훨씬 많다.

시대에 따라 그 시대에 공통된 최신 기술과 방법들이 존재하기 마련이다. 납 성분이 함유된 페인트는 가장 싸고 오래 견디는 도료로서 우리는 한때 건물이나 장난감 등 많은 물건에 이를 사용해 왔다. 산업에서 석면은 한때 절연체로 사용되었다. 그러나 시간이 흘러 우리는 이제 이러한 기술이나 방법들이 인간의 건강과 웰빙에 해롭다는 것을 알았다.

납 성분 페인트와 석면의 경우, 그 위해성은 즉각 나타나지 않았다. 이러한 것들은 위험한 결과가 나중에 알려지기 전까지 지속적으로 사용되었다. 파워포인트를 이용한 프레젠테이션의 경우도 마찬가지이다. 모든 비즈니스맨들이 알다시피 파워포인트는 조직의 전략을 소통하는 중요한 도구이다. 만약 이것이 훌륭한 스토리를 전달하기 위한 '북마크'나 '자리채우미placeholder' 정도로 사용된다면 매우 효과적일 것이다. 하지만 이것도 너무 자주 사용하면 석면이나 납 성분 페인트처럼 해로울 수 있다. 경영자는 회사의 지시 사항을 강조하기 위해 수많은 중요사항을 하달한다. 그러나 파워포인트가 사람들을 동기부여하여 그들의 사고방식에 도전하고 새로운 이해심을 키우며 다양하게 생각하고 행동하게 할 수는 없다.

파워포인트의 핵심은 무엇인가?

활력이 없는 일방적인 정보 공유방식이 사람들을 활성화하는 데 독이 될 수 있다는 점을 믿지 못한다면, 파워포인트를 사용하는 회의장의 사람들 표정을 보라. 30명~13,000명의 사람들로 채워진 수백 개의 회의장에서 글자와 도표들이 제시된 스크린을 쳐다보면서 토론 과정을 거치지 않고 어쩔 수 없이 결론에 끌려가는 수많은 사람들을 볼 수 있다. 경영자들은 대부분 스크린을 보고 있지만 그들이 고개를 다른 참가자들에게 돌리면 극도로 지루해 하는 수많은 표정들을 볼 수 있다. 사람들은 단지 회의가 빨리 끝나기만을 기다리는 것이다. 가장 훌륭한 프레젠테이션조차도 쌍방향으로 이야기하는 것이 필요할 때가 있다. 프레젠테이션의 진정한 의미를 파악하려면 어떻게 해

말을 물가에 데려갈 수 있으나 물을 억지로 먹일 수는 없다.

야 하는가?

토론은 몰입을 이끌고 내면화하는 데 매우 중요하다. 틀에 박힌 무미건조한 프레젠테이션은 필요한 맥락을 제공하는 것 밖에는 아무것도 할 수 없다. 전달하고 설득하는 기법이 성과제고를 위한 '커뮤니케이션 활동의 점검' 기능을 필요로 할 수는 있겠지만, 그러한 기법은 몰입이나 확신 및 자발적인 노력을 확보하지는 못한다.

말해주고, 보여주고, 참여시키라

렌트카를 세차하고 왁스를 칠해 본 적이 얼마나 있는가? 당신이 묵은 호텔방 전구가 과열되어 끊어졌을 때 가게에 가서 새것을 사 온 적이 있는가? 임대 아파트의 지붕을 수리해 본 적이 있는가? 우리는 자기 물건이 아니면 절대 신경쓰지 않는다. 이러한 논리는 렌트카, 호텔 전구, 임대 아파트 지붕 등에 해당되는 일이기는 하지만 경영자들을 향한 진정한 질문은 바로 여기에 있다. "직원들이 조직의 전략에서 어떤 부분을 자기 것으로 생각하면서 신경쓰고 있는가? 그리고 어떤 부분을 자기 것으로 생각하지 않는가?" 여러분은 다음과 같은 문장을 본 적이 있을 것이다:

> 말로 해 준다면 곧 잊고 말 것이다.
> 눈으로 보여준다면 기억할지도 모를 것이다.
> 참여시킨다면 이해하게 될 것이다.

이 명언은 공자로부터 무명씨에 이르기까지 수백 군데서 찾아볼 수 있는 문구다. 하지만 이 세 개의 구절에서 우리는 오너십ownership의 본질을 파악할 수 있다. 오너십을 갖게 되면 전략의 이해와 실행에 영향을 미치게 되고, 역으로 그러한 전략에 참여하고 생각하는 것은 오너십을 키우는 데 영향을 미친다.

오너십은 생각이 필요하다

오너십에 관해 우리가 경험한 가장 인상 깊었던 사례 중 하나는 비즈니스에 관해 적극적으로 생각할 기회를 갖게 된 한 캐나다 은행원 사례다. 어느 그룹 미팅에서 그 은행원은 주요 시장 동향을 비교, 분석하였고 경쟁 위협요소, 산업내 합병, 일선 은행 업무에 대한 고객 기대 등을 다루었다.

그의 말을 들어보자. "내가 우리 은행에 대해 무언가를 알게 된 것은 이번이 처음입니다. 아시다시피 배우려면 생각을 해야 합니다." 우리가 구체적으로 무슨 이야기인지를 묻자 그는 말을 이어갔다. "지난 15년간 여기서 일하면서 사람들은 날 설득해 일하는 방식을 바꾸려고 했습니다. 궁극적 목적은 비즈니스 성과를 높이는 것이지만, 그들은 내가 비즈니스에 대해 생각해 보게 하지 못했습니다. 그들은 내가 회사 관점을 그냥 받아들이길 바랐고, 내가 달리 생각하고 행동하는 데 필요한 모든 관련된 것들을 빠뜨렸던 것입니다."

그다음 그는 이 에피소드에서 가장 중요한 부분을 언급하였다. "생각은 정보를 요약하는 절차입니다. 내가 결론을 바꿀 수 있는 유일한 방법은 바로 나의 생각을 바꾸는 것입니다. 내가 현 상태에 관해 생각하지 않을 수 없게 되거나 생각해야만 할 때, 나는 많은 정보를 요약하고 분석하여 명쾌한 결론에 이를 수 있었습니다. 지금 나는 우리 은행의 위험요인과 기회요인에 대해 생각할 기회를 가지게 되었어요. 그 결과 나는 이 은행이 어떻게 운영되어야 하는지 그리고 내 역할이 무엇인지에 대한 생각을 바꾸기 시작했습니다. 이렇게 생각하게 되면서 이 비즈니스에서 잘 몰랐던 것을 알게 되었지요."

경영자가 직원들을 초청하여 비즈니스에 관해 비판적으로 점검할 수 있도록 도움을 줄 때, 직원들의 생각이 작동하게 되고, 그에 따라 비즈니스에 대한 직원들의 오너십이 자연스럽게 형성될 수 있다.

까다로운 이슈를 다루기

일방적인 정보 전달만을 통해 사람들을 설득하여 변화시키려는 시도가 오히려 역효과를 발생시킨 사례를 보자. 의료보험과 의료시스템은 구성원들이 가장 이해하기 힘든 분야다. 의료보험제도의 개혁은 더더욱 힘들다. 22개 법인을 소유한 미국의 어느 대형 글로벌 제조업체는 기존의 직원 의료비를 부담할 수 없었다. 이 업체의 경영자는 다른 회사는 어떻게 하는지, 어떻게 비용을 줄일 수 있는지 조사하였다. 또한 의료비가 자사 경쟁력에 미치는 영향, 직원들이 부담할 비용과의 공정성, 이에 대한 의사소통 방법 등에 대해서도 자세히 조사하였다. 이들은 의료보험 이슈가 해결되지 않으면 직원들이 파업을 일으킬 것이라는 문제의 심각성을 깨달았다.

새로운 의료보험 방식의 핵심 포인트를 전달하기 위하여, 이 업체의 경영진은 다양한 계층의 많은 사람들을 참여시키는 '로드쇼road show'를 추진하였다. 이들은 사업장마다 회의장에 로드쇼를 진열하여 직원들로 하여금 회사에서 어떤 일이 일어나고 있는지를 알게 하였다. 로드쇼를 진열한 지 6개월이 지난 후, 업무팀은 본사에 돌아가서 의료보험 문제에 대한 조직의 반응을 조사하였다. 조사결과에 의하면, "공정하지 않다"는 의견이 대부분이었다. 즉 "그것은 일방적인 명령이므로 우리는 수용할 수 없다."라는 것이었다.

경영진은 절망에 빠졌다. 이들은 뭔가 새로운 시도가 필요하다는 점을 깨달았다. 우리는 이 업체와 함께 의료비 증가의 현실 및 이 현실과 조직의 경쟁력 간의 관계 등을 연결하는 스토리를 구상하였다. 그다음으로 경영진의 고민을 직원들에게 전달하였다. "현재의 추세대로 의료비가 지속된다면, 회사는 어디에서 자금을 마련해 경쟁력을 유지할 것인가?", "현재의 의료보험 방식에서 어떤 부분을 제거할 수 있는가?" 마지막으로 경영자들은 직원들에게 충분한 의료보험 적용 범위와 주주들을 만족시키면서도 회사의 경쟁력을 유지할 수 있는 가장 좋은 방법이 무엇인지 토론하게 했다.

그런 회의 중 하나가 특별히 드라마틱했다. 오하이오 주 제조공장 직원들은 특히 적대적이었고, 직원 대표 역시 성미가 급했다. 이 대표는 산재사고로 한 팔을 잃었기에 의료 문제나 회사 혜택에 특별한 관심이 있었다. 회의가 시작되자 그는 이러한 회의가 시간낭비일 뿐만 아니라 직원들을 회사의 방침으로 세뇌하는 작태라고 비난하였다. 그가 선동하자 많은 직원들은 지지표시를 보냈다. 그러나 이들은 당장 파업을 하는 대신에 회사가 가동될 정도의 최소한 협조를 하자는 쪽으로 결정을 내렸다.

그리고 나서 기적과 같은 일이 벌어졌다. 현재 문제점들과 함께 회사의 중요한 정보가 제시된 후, 직원들도 문제를 여러 각도에서 신중하게 토론하기 시작하였다. 토론이 끝날 무렵 직원들은 대부분 기존 의료제도를 왜 개혁해야 하는지를 깨닫게 되었다. 의료제도 개혁을 완강히 부인하던 직원 대표도 이 토론에 참가했는데, 그와 같은 효과를 거두게 된 것은 결론을 미리 내리고 강요하는 방식이 아니고 중요한 질문으로 이끌면서 진행되었기 때문이었다. 불만이 많던 직원들도 마침내 의료문제 해결에 대한 훌륭한 제안을 제시하였고 결국 파업결정을 접게 되었다. 그런데 놀랍게도, 이런 동일한 절차를 다른 21개 사업장에서 적용하자 마찬가지로 모든 파업 결정을 철회하였다.

이 사례가 우리에게 남긴 교훈은 바로 이것이다. "사람들은 경영진들이 내린 결론에 대해서는 인정하는 편이지만, 행동은 자신들의 방식대로 한다."

직원들의 결론을 바꾸는 유일한 방법은 바로 그들을 몰입시켜 생각하게 하고, 새로운 결론에 이를 수 있게 하는 것이다. 경영자와 함께 동일한 정보를 점검하면서 핵심 문제를 함께 토론할 수 있는 기회가 생긴다면 직원들은 경영자가 생각하는 것과 동일한 해결책을 제시하게 된다. 심지어 의료비를 더 많이 지불해야 하는 것과 같이 자신에게 불리한 결과를 초래하더라도 말이다.

오너십이 가진 활력

사람들에게 일방적인 전달 방식으로 내용을 이해시키려는 것은 잘못된 생각이다. 사람들이 내용을 자기 것으로 소화하려면 자신들이 해야 할 부분이 있다. 코미디언은 농담을 할 때 이야기의 급소를 찌르는 말을 한다. 하지만 관중이 웃으려면 반드시 이야기와 듣는 대목 간의 연관성을 이해해야 한다. 만약 연관성이 없다면, 즉 만약 관중이 이를 자기 것으로 만들지 않으면 농담은 재미가 없을 것이다. 결정적인 부분을 덧붙여야만 "아하, 바로 그렇구나."가 저절로 입에서 튀어나올 것이다.

우리는 파워포인트를 이용한 그래프와 화려한 문구들로 의사소통을 하지만, 관중들의 갈채를 받지 못하면 당황하게 된다. 로큰롤을 배경음악으로 하고 스크린을 이용한 프레젠테이션 방식으로는 절대 사람을 동기부여시킬 수 없다. 이해를 바탕으로 한 부드럽고 섬세한 관현악이야말로 사람, 팀, 행동, 성과 등을 변화시킬 수 있다. 사람들을 이해시키려면 단순히 알려주는 것만이 아니라, 이들이 스스로 알아갈 수 있게 하는 여건을 조성해야 한다. 이렇게 할 때 순식간에 퍼지는 불길 같은 효과가 발생하여 청취자가 발표자와 같은 열정을 갖게 되는 것이다.

직원들을 몰입시키는 방법, 즉 이들에게 동기를 부여하여 비즈니스에 믿음을 갖고 모든 것을 바치게 하는 방법은 바로 경영자가 이들의 이해를 돕는 적절한 환경을 만들어주는 것이다. 파워포인트와 일방적인 정보전달 방법에 의존하는 한, 직원들도 생각을 통한 자기주도학습의 중요성을 영원히 깨달을 수 없다. 스스로 일하는 성취감을 맛보아야만 새로운 관점을 수용하고 스스로 몰입하여 새로운 결론에 이를 수 있는 것이다.

◑ 실천을 위한 질문들

1. 직원들은 여러분이 파워포인트를 잘 사용하여 스토리를 전개한다고 생각하는가? 아니면 단지 일방적 프레젠테이션으로는 자신들을 몰입시키는 데 아무 효과가 없다고 생각하는가?

2. 직원들이 조직의 비즈니스에서 핵심 문제들에 대해 생각해 보도록 몰입시키는 데 있어서 자신을 몇 점으로 평가하는가?(1~10점) 이러한 면을 개선하기 위해 어떠한 조치를 취할 수 있는가?

3. 직원들에게 알려주고 보여주며 참여시키는 사람이 될 것인가?

4. "직원들은 경영자의 결론을 인정하기는 하지만 자신의 방식대로 행동한다."라는 말을 생각할 때, 여러분의 직원들도 그러한가?

5. 구성원 몰입에 필요한 자아학습 환경을 어떻게 조성하는가?

9 장

경영자가 현실을 직시하지 못하면
직원들은 몰입할 수 없다

> 66 변화의 필요성은 과거 성과에 대한 비난이 아
> 니라는 점을 깨달아야만 사람들은 협곡이 놓인 문
> 제를 수용할 수 있다. 99

몰입을 통해 전략을 실행하는 구체적 방법을 알아보자. 경영자가
열정적으로 전략을 세우고 조직의 변화를 호소하지만, 전략은 대부
분 보드판에 붙어져 있는 대로 잘 실행되지 않는다. 왜 이런 일이 발
생하는 것일까? 이런 문제를 해결하려면 어떻게 해야 할까?

우리가 하는 일들이 제대로 작동되지 않는다

우리는 전략목표를 재정립하고, 핵심 성공요인에 대해 의논하며,
균형성과지표를 만들고, 직원들을 연례 컨퍼런스에 참여시킨다. 그
다음 이런 내용을 파워포인트에 담아 전달한다. 이와 같은 활동은

"우리는 한 식구입니다."라는 컨퍼런스 슬로건이 빛이 바랠 때까지 지속된다. 이처럼 우리는 해야 할 일들을 모두 하고 있지만, 잘 만들어진 전략은 전혀 실행되지 않는다. 뭔가가 잘못된 것이 틀림없다. 무엇 때문일까? 연구자들과 전문가들의 의견을 들어보자.

베스트셀러인 《균형성과지표The Balanced Scorecard》의 저자 로버트 카플란Robert S. Kaplan과 데이비드 노턴David P. Norton에 의하면, 전략이 실제로 실행에 옮겨지는 것은 10퍼센트도 안 된다. 언스트 앤 영Ernst & Young 컨설팅사의 조사결과를 볼 때 전략의 실행은 전략의 수립보다 더 중요하다는 사실을 알 수 있다. 조기Zoghi 분석가들의 연구보고서에 의하면, 변화 시도의 실패율이 최소한 70퍼센트에 이르고 있는데, 이는 시장의 영향보다는 사람문제 때문인 것으로 나타났다. 이러한 것들은 리더십 역량 부족, 팀워크 부족, 시도하지 않는 태도, 변화관리 역량 부족 등과 같은 것 때문이다. 갤럽의 조사결과에 의하면, 오늘날 75퍼센트 가량의 직원들이 직무에 몰입하지 않는 것으로 나타났다. 이것을 환산하면, 미국에서만 매년 성과 손실액이 300억 달러에 이른다. 이것은 비교적 객관적인 통계결과에 의해 나타난 수치다.

우리의 현실은 바로 단절된 협곡이다

오늘날 조직에는 대부분 입장이 서로 다른 계층 사이에 깊은 장애가 가로 막고 있다. 이 계층은 크게 세 가지로 나눌 수 있다. 첫째 계층은 경영자로서 무엇이 변해야 하는지는 알지만 변화를 실천할 위치에 있지 않다. 둘째 계층은 직원으로 변화를 실행하는 위치에 있지만 큰 그림을 볼 수 없다. 셋째 계층은 관리자로서 위의 두 그룹 사이에 절망적으로 끼여 있다. 경영진은 이렇게 말한다. "이건 바로 우리의 비전이요 미션이다." 직원들은 이렇게 반응한다. "뜬구름 잡는 소리 같네요. 그게 우리와 무슨 상관이죠?" 그러자 관리자가 말한다. "자네들은 더 뛰어나게 일해야 해!" 그러자 직원들은 대꾸한다. "우린 최선을 다했어요. 이제 더 열심히는 못합니다." 그러자 경영진은 말한다. "자네들에게는 권한이 부여되어 있네." 다시 직원들도 뒤질세라 말한다. "유행만 따르는 일시적인 경영방식은 제발 그만하시죠." 그러는 사이에 관리자는 그 중간에 앉아 누구 편에 설 것인지, 경영진을 대신하여 직원들에게 명백한 메시지를 전할 것인지 등을 고민한다. 관리자는 항상 좁고 무너지기 쉬운 절벽에 서 있는 느낌인 것이다.

다음 페이지의 '협곡The Canyon' 그림은 앞의 대화 상황 및 이것이 일상에서 어떻게 경험하게 되는지를 잘 보여주고 있다.

이 그림에 의하면, 세 개의 주요 계층이 협곡에 의해 서로 분리된 상태로 있다. 자세히 살펴보면, 경영진은 모두 전략적 퍼즐조각들을 맞추는 동시에 미래를 보고 있다. 이들은 어떻게 관리자들과 직원들을 동원하여 자신들이 고안한 새 전략을 실행시켜야 할지 모르고 있다. 그 대신 이들은 관리자들과 직원들이 자신들의 의도를 모르고 있다고 생각한다.

관리자들은 경영진과 직원들 사이의 좁은 지역에 있다. 그들 사이에는 깊은 협곡이 가로막고 있다. 이들은 경영진의 지시사항과 직원들의 요구 사이에서 갈등하고 있다. 이들은 가장 큰 위험을 무릅쓰고 가장 의미있는 변화를 실행하도록 요구받고 있지만, 이러한 일을 실행하는 데 필요한 지원을 잘 받지 못하고 있다.

직원들은 깊은 도랑에 빠져서 계속 뿜어져 나오는 물을 퍼내느라 허우적거리고 있다. 이들은 또한 당장 해야 할 일에 너무 깊이 빠져 있어 비즈니스의 큰 그림을 생각할 겨를이 없다. 이들은 현재의 업무에 신경 쓸 일이 너무 많아서 다른 것을 생각할 여유가 없다. 많은 직원들은 계곡에서 기어 나와서 이렇게 외치고 싶어 한다. "나는 더 이상 이 일을 하고 싶지 않소!" 현재 이들은 자신들에게 주어진 일을 하

모든 비즈니스 상황은 실제 계곡에 의해 분리되어 있는 것과 같다.

느라 여념이 없다.

이러한 대혼란 가운데 변화의 거대한 바람이 전체 현장을 휩쓸고 있다. 따라서 조직은 자사의 인력, 자원 및 행동을 집결하여 더 좋은 비즈니스를 창조하기가 거의 불가능하다.

그림의 오른쪽 아래에는 소비자들이 왜 자신들이 이 스토리에서 빠져 있는지, 왜 누구도 그들을 주목하지 않는지, 어떻게 해야 필요한 서비스를 받을 수 있는지 등을 고민하고 있다. 결과적으로 소비자들은 자신들의 요구에 주목해 줄 다른 회사로 옮겨간다.

이 그림은 조직의 여러 계층에 속한 사람들이 늘 말하는 현실을 잘 보여준다. 그리고 많은 직원들의 고민과 현실을 시각적이고 명료하게 보여준다. 현실을 직시하고 다루는 것은 전략실행의 준비가 되어 있는 직원들을 몰입시키는 첫 번째 과제이다. 불행하게도, 경영진들은 이러한 현실을 모르고 있거나 이를 다루지 않기 때문에 직원들과 조직 전체가 고통당하고 있다.

비난을 삼가라

위에서 언급한 그림을 보면 대부분의 조직 및 그 구성원이 이전에는 알지 못했던 대화 방식을 활용할 수 있게 된다. 우리가 이 그림을 전 세계의 수백 개의 회사에 보여주자, 대부분 이렇게 반응했다. "바로 우리의 모습입니다!"

가장 흔한 현상은 전략 실행의 실패가 바로 경영진, 관리자, 직원 등 각 계층의 사람들이 다른 계층을 비난하기 때문이라는 점이다. 계층 간 협곡이 자연스럽게 생긴다는 것을 모를 때 서로에 대한 비난이 극에 달하게 된다. 그런데 계층 간 협곡이 생기는 이유는 시장경제에서 변화가 가속화되기 때문이다. 그러나 이들 계층이 당면해 있는 시장 환경의 변화를 볼 수 있게 되면 전략의 수립, 전개, 몰입, 실행은 바로 이 세 그룹이 모두 참여해야만 하는 절차로 구성된다는 점을 이해할 수 있게 된다.

　　위의 그림을 보여 줄 때, 대부분은 이렇게 묻기도 한다. "왜 이런 일이 일어나는 겁니까?" 이런 질문을 하게 되면 사람들은 서로 비난을 중지하고 서로 다른 계층의 다양한 관점을 이해하게 된다. 또한 비전, 실행, 성과를 서로 연결하는 다리 역할을 하는 사람이 필요하다는 것도 깨닫게 된다. 한 경영자가 말했듯이 "험프티 덤프티Humpty Dumpty(마더 구스의 동요집에 나오는 계란모양의 인물로서, 한번 넘어지면 일어서지 못하는 것을 상징-역주)를 원래대로 해놓지 않으면, 우리는 미래를 향한 꿈을 영원히 이룰 수 없습니다."

　　《몰입과 소통의 경영》에서 다루고자 하는 핵심은 현실을 눈에 보이게 하여 잊어버리지 않도록 조치하는 것이다. 협곡에서 들려오는 절규가 바로 조직이 해결해야 할 이슈이며, 경영자는 이에 어떻게 대처할 것인지를 결정해야 한다. 협곡은 파워포인트, 연설 혹은 갭gap 분석처럼 쉽게 무시해서는 안된다. 협곡은 현실을 반영하는 거울로써, 이러한 현실적 문제인 서로의 격차를 이해하여 다룰 것을 호소하고 있다. 서로의 격차를 줄이려면 새로운 책임이 필요하며, 조직에 만연해 있는 이 비몰입 현상이 모든 사람들이 함께 져야 할 책임이라는 점을 인정해야 한다.

당신의 협곡은 얼마나 큰가?

조직의 현실을 평가하는 한 방법으로써 협곡을 이해하게 된다면, 경영자들은 항상 동일한 질문을 할 것이다. 그 질문은 "우리의 협곡은 얼마나 큰가요?"이다. 구체적인 문제에 관한 시각적 이해를 돕는 이 그림을 가지고 조직에 대해서 다시 질문을 생각해 보라. 그러면 많은 조직들은 기존에 어떻게 논의해야 할지 몰랐던 이슈들, 다시 말해 바로 구성원의 몰입을 가로막았던 장애물들에 대해 논의가 이루어 질 수 있게 된다. 이제 여러분의 협곡이 어떻게 생겼는지를 알려면, 다음 문제를 통해 그 도움을 얻을 수 있다.

먼저 이 책 중간부분에 있는 칼라로 된 협곡 그림을 보라. 그림을 보고 다음 문제들을 탐구해 보라. 이 문제는 조직 전체, 혹은 6~10명의 그룹별로 답하는 것이 더 좋다.

1. 여러분은 전체적으로 무엇을 보았는가?
2. 토네이도를 보라. 어느 요소의 영향이 가장 크다고 생각하는 가?

3. 경영진은 무엇을 본다고 생각하는가?

4. 관리자들은 무엇을 본다고 생각하는가?

5. 직원들은 무엇을 본다고 생각하는가?

6. 경영진, 관리자, 직원이 모두 같은 것을 보는가? 왜 그러한가?

7. 경영진, 관리자, 직원 등 각 계층 내에도 협곡이 존재하는가? 어떤 것들인가?

8. 이러한 협곡이 늘 존재했는가?

9. 이러한 협곡은 왜 존재하는가?

10. 이러한 협곡을 만든 장본인은 누구인가?

11. 토네이도를 다시 보라. 어떤 요소들을 더 첨부하고 싶은가? 이러한 요소들은 어떻게 회사에 영향을 주는가?

12. 협곡을 전체적으로 볼 때, 어느 모습이 조직이나 팀에 가장 큰 영향을 미치는가? 왜 그러한가?

13. 현실을 더 정확하게 반영하기 위해, 협곡에 어떤 이미지를 더 첨부하고 싶은가?

14. 조직이나 팀에 대해 듣거나 말한 것 중에서 더 첨부하고 싶은 것이 무엇인가?

15. 협곡의 모든 이미지나 인용문구 중, 가장 실감하는 것을 한두 개 선택해 보라.

16. 15번 문제를 고려할 때, 당신은 그 이미지나 인용문구 형성에 어떤 역할을 했는가?

17. 조직이나 팀에서 가장 심각한 협곡은 어디에 있는가?

18. 이러한 협곡을 줄이기 위해 우리는 어떻게 해야 하는가?

19. 우리가 협곡에 다리를 놓아 다시 그림을 그린다면 어떤 모양일 것인가?

20. 이러한 협곡들을 다룬 그림을 다시 그리기 위해 해야 할 가장 중요한 일은 무엇인가?

많은 사람들은 협곡을 인정하지만, 이를 자신들에 대한 비난으로 오해하기도 한다. 협곡이 생긴 근본 원인은 외부의 시장 환경때문이고, 변화의 필요성은 과거의 성과에 대한 비난이 아니라는 점을 깨달아야만 사람들은 협곡이 놓인 문제를 진지하게 수용할 수 있다. 그러려면 먼저 "당신의 협곡은 얼마나 큰가?"를 물은 후, 그 문제에 어떻게 대처할지 결정해야 한다.

1. 여러 곳에서 우리는 전략은 대부분 잘 실행되지 않으며, 직원들은 제대로 몰입하지 않음을 알았다. 여러분의 조직은 전략 실행이 잘 되는가? 직원들이 전략에 몰입하고 있는가? 어떻게 그것을 알 수 있는가? 조직에서 경영자, 관리자, 직원 사이를 가로막는 협곡은 무엇인가?

2. 1번 문제의 대답을 생각해 보라. 직원이 몰입하지 않아 발생한 조직의 손해비용은 얼마로 추정되는가? 직원 몰입과 전략 실행을 저해하는 협곡의 이슈들을 제대로 다루지 않아 발생한 비용은 얼마나 되는가?

3. 협곡은 조직의 '실수'나 '기능 부족'으로 인해 생긴 것이 아니라 시장 변화에 의해 형성된 자연적 현상이다. 이러한 점을 직원들에게 인식시키기 위하여 당신은 어떤 조치를 취할 수 있는가?

4. 여러분의 조직이나 팀은 협곡이 일종의 자연현상임을 얼마나 잘 이해하고 있는가? 이러한 깨달음은 협곡에 다리를 놓는 작업을 어떻게 촉진시킬 수 있는가?

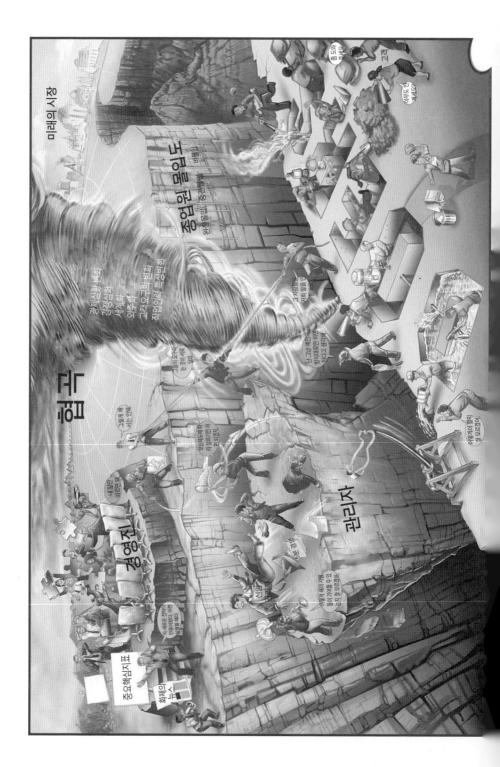

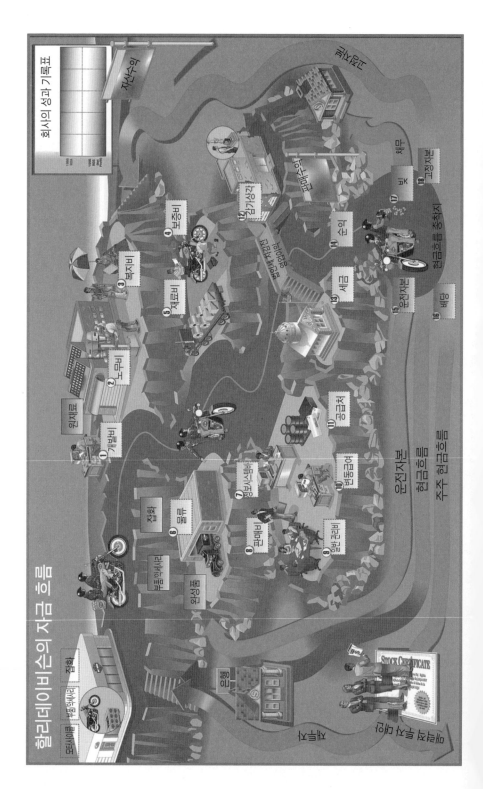

할리데이비슨의 자금 흐름

회사의 성과 기록표

자산수익

판매수익

판매수익

순이익

세금

운전자본

현금흐름

주주 현금흐름

미래의 부와 권력

현금

채무

빛

고정자본

현금흐름 촉진자

배당

경비

원재료

부품아세서리

완성품

개발비
노무비
복지비
재료비
제품비

잡화
물류
보수시스템
판매비
변동급여
인사 관리비
공급처

원가상각

빛

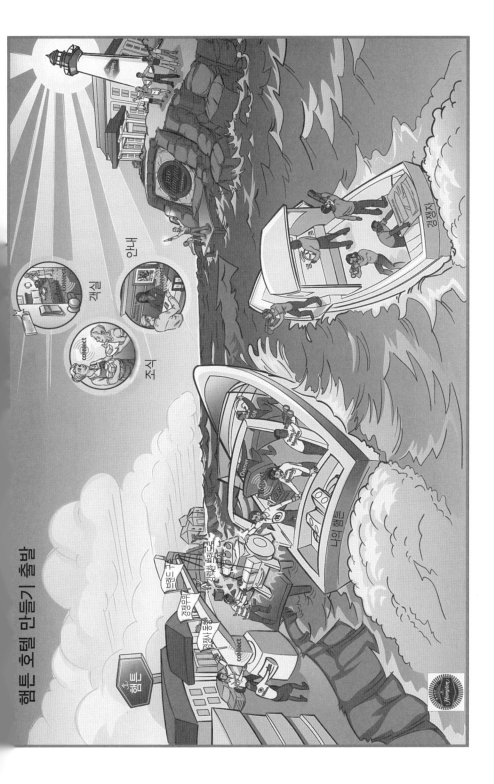

협곡을 잇는 다리 건설하기

각자 공헌하는 직원들

경영진

관리자

개발
스킬의 개발

연결
개인의 노력을
전략목표에 연결

이해
조직전략과 팀
전략의 이해

목표 연결하기

조정
팀의 목표를 회사의
목표에 알맞게 조정

목표에 맞추기

해석
전략을 일관성
있게 해석

여건 개발하기

상황
관리자와 팀원의
작업환경 상황

활성화
정렬된 행동의
활성화

촉진
의사소통 촉진

창조
하나의 공통된 측정
시스템체계의 창조

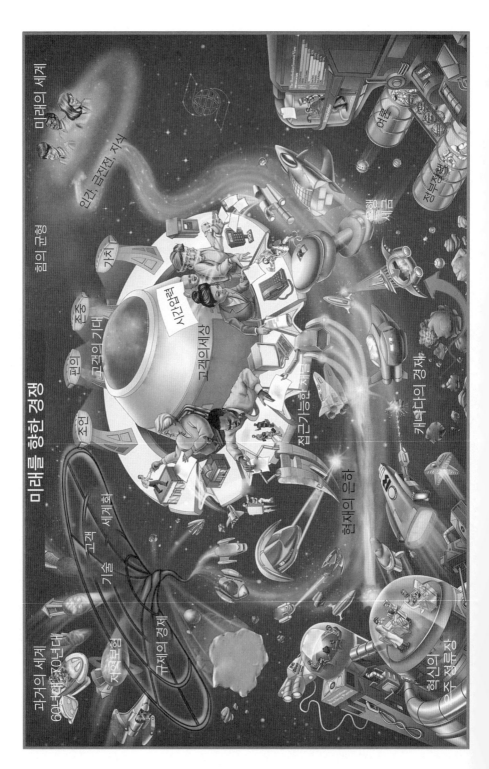

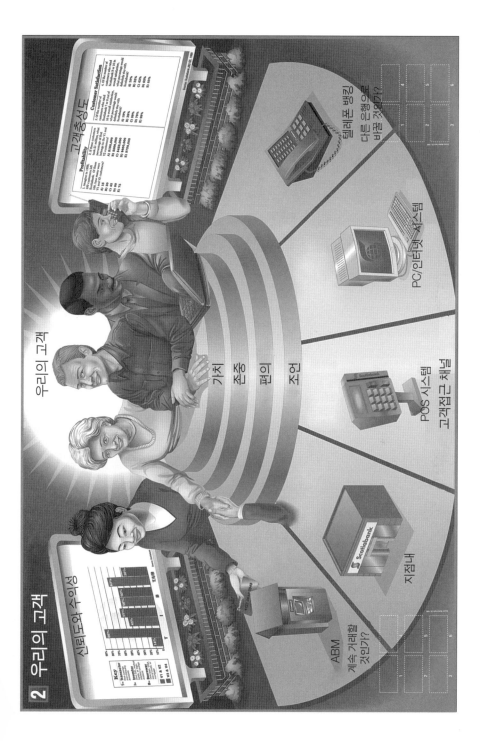

1 변화의 격류

과거의 세계

공동체

미래의 세계모습

이해관계자

현재의 세계

온자들

토로이

블랙오크

변화의 바람

자기만족의 난관
· 건강관리비 · 규제 · 기술
· 미시간 경제 · 무분별
· 인구 고령화 · 소비주의
· 인력경쟁 · 외부이주 경향

성공의 덫

비상응급센터

헨리포드 병원

경쟁의 파고

생존병원

메트로이드 병원

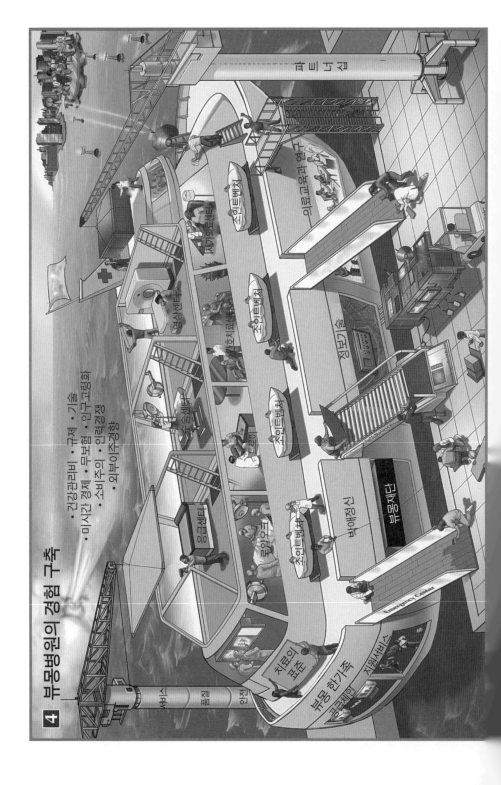

4 뷰몽병원의 경험 구축

• 건강관리비 • 규제 • 기술
• 미사간 경제 • 무보험 • 인구고령화
• 소비주의 • 인력경쟁
• 외부이주경향

파트너십

이문교육과 연구

조인트벤처

조인트벤처

조인트벤처

조인트벤처

재구의료센터

호스피스센터

영상센터

수술센터

응급센터

근로의

정보기술

박애정신

뷰몽재단

지문의 표준

뷰몽 한가족

공급제인

지원서비스

Emergency Center

서비스

품질

안전

3부

몰입을 이끄는 6가지 비결

직원들이 전략 실행에 몰입하지 못하는 주요 이유를 다시 한 번 정리해 보자. 우리는 직원들이 몰입하지 못하는 이유가 다음과 같음을 알게 되었다. 즉 업무량이 과도한 경우, 전략이 업무와 연관되어 있지 않은 경우, 새로운 기술을 익히는 것이 안전하다고 느끼지 못하는 경우, 큰 그림을 보지 못하는 경우, 무엇을 할 것인지 일방적인 지시만 받은 경우, 경영자가 현실을 직시하지 않은 경우 등이다. 이런 것들이 모두 조직과 구성원 간의 협곡을 더욱 크게 만들고, 구성원들을 이탈시켜 전략에 대해 무관심하게 한다.

하지만 해법이 있다. 3부에서는 직원을 몰입시키고 이러한 협곡을 뛰어넘는 6가지 비결을 공개한다. 이 6가지 비결은 아래와 같다. 이미지와 스토리를 활용하여 구성원과 조직 간의 격차를 줄이기, 비즈니스에 관한 공동의 아이디어로 그림을 함께 그리기, 경영진과 관리자들을 신뢰하기, 비즈니스 문제를 스스로 해결하고 자신만의 해결책 찾기, 비즈니스 전체 게임을 만들기, 새 전략의 실행 전 연습하기 등이다.

10 장

첫째 비결: 이미지와 스토리를
활용하여 협곡을 연결하라

> ❝ 비즈니스 시스템이 그려지면 사람들은 비즈니스의 단계, 투입물, 성과물 등 비즈니스의 큰 그림을 이해할 수 있게 될 뿐 아니라 어떻게 비즈니스의 각 단계가 전반적인 가치를 창출할 수 있을지를 이해할 수 있다. ❞

머릿속에 그려보지 않고 생각한다는 것은 불가능하다. 내가 만약 "핑크색 코끼리를 생각하지 마라."고 말하면 여러분은 저절로 핑크색 코끼리를 상상할 것이다. 핑크색 코끼리를 생각하지 마라. 또는 57,600 평방피트라는 땅을 상상해 보라. 상상이 되는가? 상상이 안될 수 있다. 하지만 다음과 같은 지시를 받는다면 어떨까? "축구장 크기 공간을 상상해 보라." 당신은 대충 내가 뭘 의미하는지 알 것이다. 사람들은 따분하고 지루한 단어보다는 이미지와 스토리에서 연관성을 느낀다.

인간은 시각적으로 생각한다. 먼 옛날부터 오늘에 이르기까지 그림은 사람들에게 이들이 사는 세상과 연관된 이야기들을 들려준다. 중세에 스테인드글라스는 사람들의 생활에 중요한 영향을 미치는 종

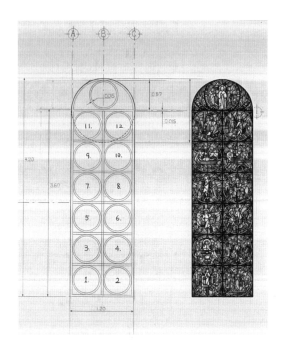

아름다운 유리창에 시각적으로 표현한 이야기

교적이고 고전적인 스토리들을 이해하는 데 큰 역할을 했다. 프랑스 샤르트르 대성당의 유리창에는 일련의 성경 이야기들이 그림으로 그려져 있다. 위 그림이 이를 잘 설명하고 있다. 그림으로 장식된 유리창은 교육적 효과를 주는데, 유리창의 아랫부분부터 위로 올라가는 순서로 이야기가 전개되고 있다.

르네상스 시대까지의 사실주의 그림들은 스토리와 사람 간의 연관성을 보여준다. 그 뒤 두 세기가 지난 후, 바로크 양식의 화가들은 스토리들을 더욱 현대적으로 만들었는데, 이들은 고전 인물에 현대식 복장을 입히고 배경을 현 시대로 바꾼다. 그 이후의 화가들 역시 지속적으로 고전 이야기들을 자신들의 시대적 상황에 맞게 개조하였다. 이들은 모두 그림이 대화나 글보다 정보를 더욱 효과적으로 전달한다는 점을 알고 있는 것이다.

비즈니스에서 그림으로 된 이야기

모든 비즈니스에는 이야깃거리가 될 수 있는 사연이 들어 있다. 조직은 중세의 화가들처럼 비즈니스 이야기를 그림으로 그려서 직원들에게 교육할 수 있다. 《리더를 위한 스토리텔링 가이드The Leader's Guide to Storytelling》의 저자인 스티븐 데닝Stephen Denning은 이렇게 말했다. "조직이 생존하기 위해 큰 변화를 겪을 때, 직원들은 경영자의 지시에 따라 익숙하지 않고 불편한 방식을 따라 행해야 한다. 생각은 흥미진진하고 재미있을 수 있지만 마음은 잘 따라가지 않는다. 그러나 스토리는 따분하고 추상적인 정보를 매력적인 그림으로 전환할 수 있다."

의미를 전달하기에 가장 좋은 방법은 스토리이고, 흥미롭고 획기적인 스토리를 전달하기에 가장 좋은 방법은 그림이다. 그러므로 그림으로 된 이야기는 이해를 촉진하며, 빠르고 일관되며 통일된 언어 역할을 통해 몰입을 도울 수 있다.

그림으로 이해를 좀 더 쉽게 하기

그림이 단순성, 속도, 명료성에 어떻게 영향을 주는지 살펴보자. 다음 페이지를 펼치기 전에 다음 설명을 읽고 누구인지 알아맞혀 보라. 20세기의 유명한 미국인으로서 벗어진 이마와 단단한 코가 있고 아래턱에 보조개가 있다. 평온하지만 꿰뚫어 보는 듯한 눈길을 가지고 있다. 눈썹은 아치형은 아니지만 눈 모양과 대칭된다. 가장 특징적인 것은 뒤로 빗겨진 흰 머리로서 숱이 많고 곱슬곱슬하며 귀밑까지 잘려 있다.

이 사람이 누구인지 알 수 있겠는가? 자 그럼 다음 사진을 보라.

사진을 보니 어떠한가? 글로 된 설명에서 답을 찾는데 얼마나 시간이 걸렸는가? 사진을 보고 누구인지 알아맞히는 데 얼마나 걸렸는가? 그 차이는 엄청날 것이다. 대부분 경우에 40초 대 4초, 즉 10배라는 시간차이가 생긴다.

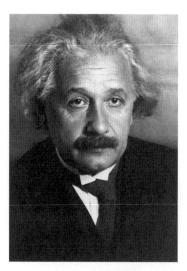

알버트 아인슈타인

그림이 보여주는 것은 무엇인가? 첫째, 당신은 전체를 볼 수 있다. 그림은 여러 조각들을 함께 모아주기 때문에 이것들이 어떻게 서로 연결되어 하나의 시스템(이 경우에 시스템은 아인슈타인의 얼굴임)이 되는지 생각할 필요가 없다. 아인슈

타인은 잘 알려진 인물이기에 이 사진을 보면 그에 관련된 모든 정보가 한꺼번에 생각난다. 글로 쓴 정보는 당신의 추측에 따라 여러 가지 해석이 나올 수 있다. 그러나 그림이나 사진은 잘못 해석될 경우가 거의 없고 빠른 시간에 확실한 의미를 전달한다.

이것이 비즈니스와 무슨 상관이 있을까? 시스템을 그림으로 생각하면, 시스템을 기존의 지식과 연결시킬 수 있다. 따라서 비즈니스 운영을 그림으로 보여준다면 구성원들은 비즈니스 개념을 쉽게 이해할 수 있게 된다. 이미지는 해석을 잘못할 기회를 줄여 주며 따라서 통일되고 빨리 이해할 수 있는 언어 역할을 하는 것이다.

말과 글의 역할을 하는 그림

언어는 단어, 사인, 기호 등을 사용하여 아이디어나 느낌을 교환하는 수단이다. 그림은 서면이나 대화보다 더욱 쓰임새가 많을 수 있다. 왜냐하면 그림은 여러 아이디어나 많은 메시지의 의미를 정확히 전달할 수 있기 때문이다.

직원과 소비자들이 회사가 원하는 중요한 비즈니스 개념을 이해하게 하는 데는 많은 방법이 있다. 다음 페이지의 차트는 비즈니스에서 적용되는 시각화 기법들을 보여주고 있다. 개념화 예술가인 빅터 장 Victor Zhang은 간단한 이미지부터 좀 더 복잡한 기술을 사용하는 단계적으로 진화하는 '시각화 피라미드'를 만들었다. 각 단계의 시각화

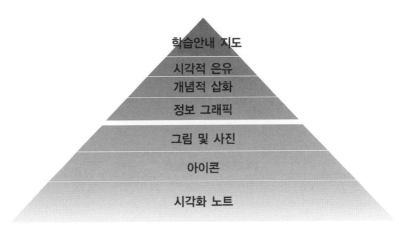

시각화 피라미드의 단계들

그림은 모든 비즈니스의 스토리를 설명하는 데 활용될 수 있다.

'시각화 피라미드'의 가장 간단한 테크닉은 '시각화 노트'로서 정보를 기억하기 위해 화살표, 원 등을 그릴 때 사용된다. 시각화 노트는 여러 정보 간의 관계를 쉽게 이해하도록 함으로써 전체 정보를 이해하는 데 도움을 준다. 그 다음 단계는 '아이콘'이라 할 수 있는 일반적 기호로써 단어가 필요 없이 의미를 전달하는 작용을 한다. 우리는 아이콘으로 아주 쉽고 빠르게 의미를 전달하고 이해할 수 있다. '시각화 피라미드'의 세 번째 단계는 '그림' 혹은 '사진'으로써 이것을 사용하면 설명이 필요 없이 간단한 이야기를 전달할 수 있다. 이 것이 시각화 노트나 아이콘보다 한 단계 위인 것은 모션이 가능하고 상세한 내용을 상기시킬 수 있기 때문이다. '시각화 피라미드'의 다음 단계는 '정보 그래픽'인데, 이것은 〈유에스에이 투데이_{USA Today}〉의 이슈에서 본 것과 흡사하다. 즉 기본적인 그래픽과 사실들을 서로 혼합하여 한눈에 알아볼 수 있는 그림을 만든 것이다.

'시각화 피라미드'의 상부에 있는 세 단계는 직원들을 비즈니스 스토리에 몰입시키는 데 가장 도움이 될 수 있다. 따라서 이 세 단계를 자세히 살펴보자.

개념을 표현하는 삽화

이것은 간단한 이미지보다 더 상세한 것들을 보여 주며, 여러 요소로 구성된 시스템을 그린 것이다. 여러 이미지로 된 시리즈를 통해 스토리를 보여주는 벽화가 바로 그 예이다. 비즈니스의 어제, 오늘 및 미래를 보여주는 스케줄도 그 예가 될 수 있다.

개념 삽화를 가장 잘 적용한 사례 중 하나는 사람들에게 비즈니스 시스템을 이해시키기 위해 활용되는 경우다. 비즈니스 시스템이 그려지면 사람들은 비즈니스의 단계, 투입물, 성과물 등 비즈니스의 큰 그림을 이해할 수 있게 될 뿐 아니라 어떻게 비즈니스의 각 단계가 전반적인 가치를 창출할 수 있을지를 이해할 수 있다.

예를 들면, 소비자들의 재구입을 이끌기 위해 유통업체들은 직원들의 서비스 경험을 늘림으로써 소비자들에게 관심을 갖도록 하고 있다. 또한, 직원들이 서비스 질을 지속적으로 높이도록 동기부여하기 위해 현수막을 걸고, 광고표어를 개발하며, 콘테스트를 하기도 한다. 하지만 문제는 바로 여기에 있다. 모든 직원들은 서로 다른 시스템에서 일하기 때문에 전체 시스템, 즉 소비자를 위한 회사의 궁극적

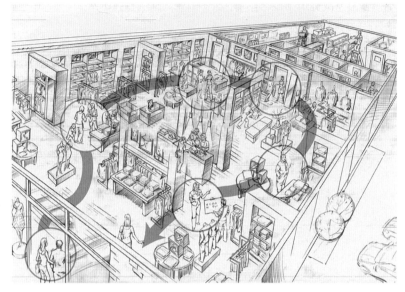

고객의 매장순회 경로를 한 눈에 보여주는 개념 삽화

인 목적을 이해하기 힘들다.

위의 그림은 의류전문 체인점인 바나나 리퍼블릭Banana Republic이 사용하는 개념 삽화다. 이 그림은 소비자가 가게에 들어올 때부터 나갈 때까지의 전반적인 소비활동을 체계적으로 보여 준다. 이 체계는 그림이 아니면 이해하기 힘들다. 직원들은 이러한 개념적 삽화를 통해 시스템의 단계가 어떻게 서로 연관되며 자신들이 전반적인 시스템에서 어떠한 역할을 하는지를 이해할 수 있다. 시스템 관점을 그림으로 보여줌으로써 현장 직원들은 자신들의 역할을 잘 이해하게 되고 따라서 소비자들을 더욱 잘 만족시킬 수 있다.

시각적 은유법

은유법은 새롭거나 복잡한 정보를 우리가 잘 아는 것과 연결시킴으로써 이해하기 쉽게 만든다. 시각적 은유법은 컴퓨터의 압축 파일 Zip file처럼 데이터 관리 역할을 한다. 즉 시각적 은유법은 많은 양의 정보를 관리하기 쉽고 사용하기 편한 형태로 정리해 준다.

아리스토텔레스는 말했다. "머릿속에 그려보지 않고는 생각할 수 없다." 많은 사람들 역시 "한 장의 그림이 천 마디의 말보다 낫다."고 말한다. "한 장의 그림이 천 마디의 말에 맞먹는다면, 한 개의 은유는 천 장의 그림에 맞먹는다."라고 말할 수 있다. 하지만 장Zhang은 "비즈니스에서 은유법의 진정한 효력은 새로운 '시각적 언어'를 창조하는 것이다."라고 말했다. 조직의 모든 구성원들은 이러한 시각적 언어를 사용하여 정보를 쉽게 교환하고 공유하며 비즈니스 토론을 효과적으로 진행함으로써 조직의 성과를 높일 수 있다.

다음 사례를 보자. 다음 그림은 케이블 시장의 변화에 대한 시각적 은유 그림이다. 이 그림은 변화의 필요성에 대한 시각적 언어를 형성해 주고 있다.

이 그림은 소비자들을 '슈퍼맨'으로 묘사하면서 소비자들이 자신이 원하는 업체를 마음대로 선정할 기회가 얼마든지 있음을 보여준다. 이 그림에서 모든 경쟁사들은 비즈니스를 위해 치열하게 겨루고 있고 이러한 경쟁의 승패는 소비자가 누구를 선택하느냐에 달려 있다. 이 그림은 시장의 상황을 보여주는데 네 가지의 스토리가 담겨

진정한 힘을 가진 소비자를 보여주는 그림

있다. 1) 공급사의 과잉, 2) 소비자는 왕이다, 3) 치열한 경쟁, 4) 생산자 우위에서 사용자 우위로의 전환이다. 이 그림은 업체 모두가 시장에서 살아남을 수는 없다는 현실을 보여주고 있다.

시각적 은유법의 강점은 간결성, 신속성 외에도 대량의 정보를 명료하고 이해하기 쉽게 그림으로 요약할 수 있다는 점이다. 하지만 시각적 은유법의 최대 강점은 치열한 시장경쟁에 대해 구성원들의 감정을 불러일으킬 수 있다는 점이다. 그렇기 때문에 시각적 은유법은 구성원들을 몰입시켜 조직 변화를 유도하는 강력한 도구가 될 수 있다.

학습안내 지도

'시각화 피라미드'의 가장 높은 단계는 학습안내 지도_{Learning Map} _{Visuals} 인데 이는 아이콘, 정보 그래픽, 그림, 개념 삽화, 시각적 은유법 등 여러 단계의 기법을 통합하여 한 장의 그림으로 만드는 것이다. 70명~70만 명으로 구성된 다양한 조직은 이러한 학습안내 지도를 사용하여 비즈니스 운영 및 이에 대한 구성원 각자의 역할을 더욱 잘 이해하게 할 수 있다. 학습안내 지도는 구성원들에게 대량의 정보를 전달할 뿐 아니라 이들이 비즈니스에 관한 드라마틱하고 감정적인 부분 및 복잡한 이야기들을 접할 수 있게 만든다.

학습안내 지도가 몰입 환경을 조성하는 데 중요한 것은 바로 이 그림이 비즈니스 스토리들을 명료하고 이해하기 쉽게 모자이크 형태로 요약 정리할 수 있기 때문이다. 학습안내 지도에 대한 상세한 내용은 차후 살펴보기로 하자.

비즈니스에서 그림의 역할

눈에 보이게 하는 것은 구성원을 몰입시키는 데 있어 결정적인 요소로서 다음과 같은 이점이 있다.

1. 그림은 시스템적 관점을 생각하게 만든다. 모든 문제를 이해하

고 연관시키며 초점을 맞추는 데 있어서 시스템적으로 접근하도록 한다.

2. 그림은 간소화시키는 역할을 한다. 즉 '단순하게 생각' 하도록 만든다. 특정 주제에 대한 철저한 고려와 심사숙고가 없다면 생생한 그림을 그릴 수 없다.

3. 그림은 비즈니스의 극적 부분들을 보여준다. 그림은 데이터와 단어가 보여줄 수 없는 노력, 위험, 위협, 기회, 정서적 부분까지 상세히 보여줄 수 있다. 이러한 감정을 잘 관리하면 자신감을 얻고 비즈니스 활동에 영감을 줄 수 있다.

4. 그림은 전체를 보여줌으로써 크게 생각하고 전략적으로 생각하게 한다. 크게 생각한다는 것은 많은 시간을 허비하는 자질구레한 책략보다는 비즈니스의 주요 동력에만 초점을 둔다는 것을 의미한다.

5. 그림은 학습자들의 마음을 사로잡는다. 일반적으로 시각화를 중시하는 문화는 전통적인 프린트 문화를 급속히 대체하고 있는데, 시각화 문화가 미래 추세임에는 틀림없다.

6. 그림은 빨리 생각나게 하고 정확히 기억되도록 돕는다.

7. 그림은 간접적 연관성을 갖게 한다. 모든 사람들이 직접적, 단계적 방식으로 학습을 하는 것은 아니다. 모두 복잡한 정보나 개념을 개인과 연관시키는 것이 필요하다.

8. 그림은 잘못된 해석을 최소화시킴으로써 통일된 언어의 역할을 한다. 그림은 다양한 문화나 언어에서 모두 통하는 의사소통 방

법이다.

9. 그림은 스토리를 시각화가 가능하게 함으로써 이야기 전체를 쉽게 통합하여 볼 수 있고, 이야기 줄거리가 어떻게 서로 연관되는지 알 수 있게 한다.

10. 그림은 사실을 보여주고 감정을 자극함으로써 사람들이 쉽게 자신들과 연관성을 갖게 한다. 그림은 비즈니스의 현실을 보여줄 뿐만 아니라 그 현실로 인한 느낌도 전달한다.

이 책의 첫 부분에서 몰입을 가로막는 여러 요인들을 살펴보았다. 이러한 요인들은 복잡성, 당사자와의 연관성 부족, 큰 생각의 제약, 시스템 관점 결여, 오너십 부족 등이었다. 시각화는 이러한 장애요인을 극복하여 몰입을 촉진하는 강력한 언어적 역할을 한다. 경영자는 직원을 몰입시키기 위해 비즈니스에서의 힘든 상황, 열정 등 드라마틱한 부분들과 연관시켜야 한다. 경영자는 이렇게 함으로써 구성원들의 창의력과 역량을 일깨워 그 잠재력을 최대한 발휘하게 할 수 있다.

1. 모든 비즈니스에는 스토리가 있다. 조직에 관한 따분한 사실과 통계 자료에 흥미로운 의미를 부여할 수 있는 전략적 비즈니스 스토리는 무엇인가?

2. 조직과 연관된 모든 비즈니스 시스템을 생각해 보라. 어떠한 시스템이 가장 이해하기 힘든가? 어떻게 그 시스템을 그림으로 표현하여 모든 직원이 이해하기 쉽도록 만들 수 있는가?

3. 조직과 연관된 전반적인 시장을 가장 잘 표현할 수 있는 비유법은 무엇인가? 어떻게 이러한 비유를 그림으로 표현하여 직원들이 비즈니스의 정서와 드라마에 몰입하도록 할 수 있는가?

4. 직원들이 잘 이해하지 못하는 전략, 도전, 목표 등을 생각해 보라. 이러한 것들은 무엇인가? 스토리나 이미지를 통해 이러한 것들을 이해하기 쉽게 만들 수 있는가?

11 장

둘째 비결 :
함께 그림을 그려라

> 66 경영자들은 전략을 그림으로 표현할 때, '잔털'들을 그림에 포함시키기 힘들다는 것을 발견하게 된다. 99

여러분은 레스토랑이나 바에서 웨이터에게 볼펜과 냅킨을 요구해 본 적이 있는가? 왜 이러한 것들을 요구했는가? 아마 갑자기 어떤 영감이 떠올라서 그것을 기록해 두었다가 나중에 다른 사람들한테 알려주려고 했을지 모른다. 그런데 왜 그것을 냅킨에 그려야 했을까?

냅킨 스케치가 효과적인 이유는 다음과 같다. 첫째, 모든 아이디어를 한꺼번에 보여 주어 여러 아이디어의 가능성을 비교하고 판단해 볼 수 있게 한다. 이 단계에 이르면, 여러분은 다른 냅킨을 요구하여 두 번째 아이디어를 그릴 것이다. 그리고 거기에서 중요한 아이디어가 빠지지 않았는지 확인할 것이다. 또한 화살표와 선을 그어서 여러 아이디어가 서로 연관되게 만들어 볼 것이다. 이쯤 되면, 여러분

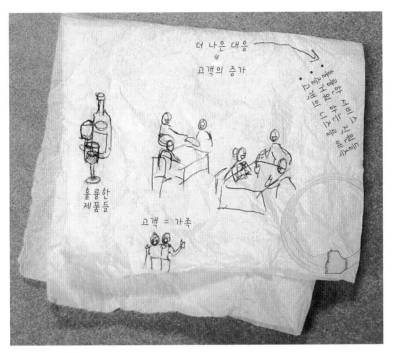

아이디어를 스케치를 하는 데 화가의 수준이 필요한 것은 아니다.

은 웨이터를 불러 또 다른 냅킨을 요구할 것이다.

이런 단계에 이르면, 여러분은 어느 아이디어에 초점을 맞출지 생각할 것이다. 따라서 세 번째 냅킨은 더 진하고, 더 크게 그린 화살표들과 선들로 채워질 것이다. 이렇게 하여 세 번째가 완성된다. 레스토랑이나 바를 떠날 때, 당신은 그림이 그려진 냅킨을 가지고 갈 것이다. 여러분은 냅킨 스케치를 동료들에게 보여주면서 아이디어를 자랑할 것이다.

냅킨 스케치에 대한 동료들의 의견에 근거하여 여러분은 또 다시 그림을 그려 빠뜨린 부분을 보완할 것이다. 이렇게 하여 네 번째 것이 만들어진다. 이것은 첫 번째 것과 비교해 볼 때 훨씬 생동적이고 흥미롭다.

개인의 냅킨 스케치가 이 정도의 효력을 갖는다면, 비즈니스 팀이 사업 아이템으로 끌어낼 수 있는 최고의 아이디어들을 종합하여 집단 냅킨 스케치를 그린다면 그 효력은 상당히 크지 않을까. 이러한 집단 스케치를 '시각화된 반복작업visual iteration'이라고 하는데 사람들은 이것을 통해 자신들의 아이디어를 통합하여 공통의 의미와 오너십을 가진 일련의 이미지들을 만들 수 있다. 그림으로 반복되는 스케치와 대화는 모든 사람들이 가진 베스트 아이디어를 서로 교환하고 연결시켜 놀라운 결과를 낳을 것이다. 이들은 "와, 우리 힘으로는 이런 생각을 만들어낼 수 없을 거라고 생각했는데!"라고 하면서 감탄해 할 것이다. 조직은 이러한 접근법을 사용하여 주요 비즈니스 문제를 언급하고 새로운 전략을 수립하며 절차를 다시 설계하거나 실행방안을 구체화할 수 있다.

여러분은 나와 같은 생각을 하고 있는가?

사람들은 뭔가를 표현하기 어려울 때 "그건 그냥 보면 바로 알 수 있을 텐데."라고 한다. 즉 사람들은 자신들이 직관적으로 알고 있는 것을 쉽게 표현하고 설명할 방법을 찾느라 애를 쓴다. 새로운 양탄자 재료를 선정할 때 우리가 원하는 것을 정확히 표현할 수 없다면 문제가 아닐 수 없다. 마찬가지로 비즈니스 전략을 제대로 설명할 수 없을 때에도 심각한 결과를 낳을 수 있다.

다음 사례를 보자. 자본금이 30억 달러인 어느 화학회사는 자사의 전략을 그림으로 표현하고자 하였다. 세 번째 버전의 스케치가 나오자 사장은 감탄하며 외쳤다. "바로 이거야! 이것이 내가 여러분에게 설명해 주려는 것이었어. 이 그림은 우리가 앞으로 해야 할 일을 잘 보여주고 있군." 부사장은 근심어린 어조로 말했다. "이 그림이 바로 우리가 해야 할 일들을 보여주는 것인가요?" 사장이 확신에 찬 어조로 "그렇소!"라고 대답하자 부사장은 이렇게 말했다. "그렇다면 전달해야겠네요. 전 사장님이 원하는 게 이것이 아니라고 생각했습니다. 그리고 우리가 여태껏 해 온 것도 이것이 아니었습니다." 비주얼의 효력은 매우 강력하여 삽시간에 모든 이들의 생각을 정렬시켰다.

그림을 통해 생각 모으기

그림이 강한 효력을 발생할 수 있는 원인은 다음과 같다. 반복되는 그림과 대화가 서로 얽히면 사람들은 자신들의 의견, 신념, 태도 및 결론을 서로 교환하게 된다. 그리고 이렇게 논의된 생각들은 공공연하게 의욕을 불러 일으키고 수정을 통해 모든 사람들이 공감하고 공유할 수 있는 생각을 만들어내게 된다. 이렇게 '그림을 그리고 의견을 모아 다시 그림을 수정하는 것'은 결과적으로 대부분 놀라운 이미지를 만들어낼 수 있다. 이렇게 얻는 최종 그림은 그 깊이, 명료함, 극적 특성, 활력 등의 측면에서 매우 놀랄만한 수준에 이르게 된다. 이는 많은 경험자들의 말대로 그야말로 '마술'이다.

여러 차례 반복, 수정되는 그림에서 마술이란 무엇을 의미할까? 이 것은 팀원들이 처음에는 문제해결을 위해 특정 측면에 접근하다가 의 견을 교환하고 수정하면서 그림을 계속 반복해 그리다 보면 결국에는 전혀 다른 측면에 접근하게 되는 것을 말한다. 다음 사례를 보자.

다음 그림은 GM의 고위 경영진들이 글로벌 시장을 묘사한 것이 다. 이 회사 구성원들은 시장의 급박한 상황을 인식해야 할 필요성이 있었다. 경영진들은 간단한 스케치로 외부 경영환경에 대한 자신들 의 견해를 보여 주었다. 의견을 교환하면서 여러 가지 좋은 아이디어

GM의 글로벌 시장을 표현하기 위해 반복 수정해 그려낸 스케치

가 나왔고 따라서 더욱 깊은 의미를 가진 훌륭한 그림을 그릴 수 있게 되었다. 최종 버전의 그림을 통해 글로벌 시장의 도전과제가 명확히 나타나게 되었고, 이 최종 그림은 GM의 전 세계 구성원들에게 배포되어 이들이 글로벌 시장의 경쟁 환경과 이에 대한 전략적 대응방안을 고려하도록 하였다.

또 다른 사례를 보자. 펩시 경영진은 변화를 위한 사례 하나를 만들고자 하였다. 이들은 미국 내 직원들에게 회사운영의 급격한 변화를 인식시키고자 하였다. 하지만 변화를 하려면 직원들의 역할을 대부분 크게 바꾸지 않으면 안 되었다. 배송직원은 물건 배달에서부터 판매촉진과 광고까지 담당하게 되었다. 생산 예측가의 역할은 음료시장의 요구를 더욱 잘 파악하는 것이 필요했다.

다른 많은 회사처럼, 펩시도 직원들에게 이러한 변화를 전달하고자 할 때 많은 저항에 부딪쳤다. 펩시 경영진들은 직원들에게 시장의 역동적 측면을 보여주어 많은 전략적 변화의 원인을 이해시키고자 하였다. 시장 환경에 대한 냅킨 스케치에는 매 버전마다 핵심사항이 포함되어 경영자가 고려해야 할 핵심문제가 그려져 있었다. 여러 번 냅킨 스케치를 그리는 과정에서 전략적 사고와 의사결정이 충분히 촉진되어, 더욱 깊이 있고 초점에 맞춰진 그림이 그려졌다.

이 스케치가 다음 페이지에 나타나 있다. 첫 번째 스케치는 '음료수 거리'로 표현된 펩시의 사업 전망이 급속히 변하고 있음을 보여준다. 팀원들이 변화의 동력을 더욱 깊이 탐구하여 다시 그린 두 번째 스케치는 가게 입구에서 실제 고객의 유입경로에 따라 고객들이 펩

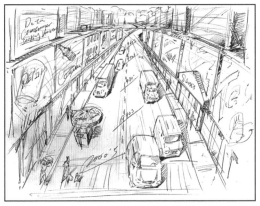

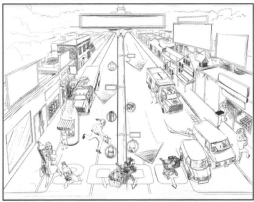

펩시의 변화 상황을 나타내기 위해 반복 수정해 그린 스케치

시에게 무엇을 요구하는지 보여준다. 거리의 중심부 아래 있는 이정표는 소비의 역동성을 보여주는데 나이 든 베이비붐 세대들이 음료에 대한 새로운 니즈와 기대를 갖고 있음을 나타낸다. 세 번째로 다시 그린 스케치는 이러한 개념을 더욱 발전시켜 이 모든 영향 요인들이 복합적으로 작용하여 고객의 음료 선호도에 거대한 변화가 일어나고 있음을 보여준다. 이것이 바로 변화의 사례인 것이다.

여러 버전의 그림을 그리는 과정에서 회사운영의 많은 동력요인들은 지속적으로 전체 그림에 통합된다. 최종적으로 그려진 그림이 어떻게 펩시의 전체적인 생산전략 수립에 활용되었는지는 14장에서 좀 더 자세히 볼 수 있다. 펩시의 CEO는 이렇게 말했다. "우리는 400여 페이지로 된 전략 계획을 줄이고 중요 부분을 강조하여 구성원들이 이해할 수 있도록 바꾸었습니다. 전 아직도 우리가 그것을 어떻게 이루어냈는지 잘 모르겠습니다."

간단하게 말해, 되풀이해서 그리는 일련의 그림들을 사용하여 오너십을 만들어 주고 정확한 의미를 전달할 수 있다. 직원들이 생각을 함께 나누지 못하게 하고, 그들이 가진 실행 잠재력을 발휘할 수 없게 가로막는 사소한 부분이 필요 없기에 그것이 가능한 것이다.

미국의 전국 음식체인의 어떤 경영자는 유명 화가의 도움 없이 스스로 이런 방식으로 그려 보았다. 이 체인점은 청결강조에 역점을 두었다. 메모를 보내고, 보상방식을 개선해 보고, 검사를 강화하는 등의 조치에도 불구하고 체인점의 청결 상태는 여전히 나아지지 않았다. 시각화 방식을 경험한 경영자는 '청결'에 대한 정확하고 명료한 의미가 필요하다는 점을 깨닫고 화가의 도움 없이 여러 판의 그림을 그려 '청결'의 의미를 전달하고자 하였다.

그는 40개 체인점의 관리자들에게 '음식점 청결'이란 어떤 것인지를 사진을 찍어 회의를 할 때 가져오도록 하였다. 회의가 열린 날, 이들이 찍은 사진을 회의실의 벽에 전시하도록 했다. 회의 시작 전부터 문제가 분명히 드러났다. 체인점마다 '음식점 청결'에 대한 기준이 달랐기 때문이다. 이 경영자는 말했다. "청결에 대한 통일된 기준이 없으면 우리는 소비자들에게 일관된 청결 환경을 제공할 수 없습니다." 그 회의를 통해 관리자들이 원하는 청결 기준을 가장 잘 반영한 사진을 선정하여 청결을 개선하기 위한 모델로 삼을 수 있었다.

팀이 반복해서 그림 그리기를 활용한다면?

그림 그리기는 팀을 도와 명확한 의미를 전달하고 행동을 정렬시키며 소속감을 증대하고 이해를 촉진시킨다. 이것이 가진 장점은 다음 다섯 가지로 요약할 수 있으며, 전략 실행을 크게 촉진할 수 있다.

1. 반복적으로 고쳐 그려보기를 통해 사람들은 자기 생각이 타당한지를 점검할 수 있다. 종이에 그려진 이미지는 거울처럼 아이디어를 정확하게 반영할 수 있다. 따라서 사람들은 자신들의 말이 원래의 의미를 정확히 가지고 있는지 확인할 수 있다.

그림 그리기는 아이디어를 살아 움직이게 한다. 그림 그리기를 통해 사람들은 아이디어를 평가하고 여러 아이디어들 간의 연관성을 찾을 수 있다. 그림 그리기를 통해서 사람들은 자신들의 아이디어가 불완전한지도 알아낼 수 있다.

직원의 몰입이 무엇을 의미하는지, 또는 이들의 몰입으로 무엇을 얻을 수 있는지를 잘 모르는 팀들이 많다. 우리는 여러 팀들과 같이 일하면서 그 직원들이 전략, 비즈니스 계획 등에 대해 정확히 이해하지 못하는 현상을 발견하였다. 조직의 전략, 비즈니스 계획, 진취적인 도전 등은 모두 비슷한 용어로 설명되기 때문에 이것들을 각각 어떻게 실행해야 할지 구분하기 힘들 수 있다. 그러나 그림을 통해 차이점을 찾으면 문제가 확실히 드러나게 된다.

경영자들은 전략을 그림으로 표현할 때, '잔털'들을 그림에 포함시키기 힘들다는 것을 발견하게 된다. 여기에서 '잔털'이란 건조기에서 세탁물을 말릴 때 떨어져 나온 털들을 의미하는 것이 아니라 불완전한 의도, 충분히 고려되지 못한 주제, 불명확한 결과 등을 의미한다. 흥미롭게도, 이러한 '잔털'은 대부분 조직에서 직원을 전략에 몰입시킬 때 현저하게 나타나는 현상이다. 그림 그리기를 통할 경우 이러한 '잔털'을 명료하게 할 수 있다.

2. 반복하여 고쳐 그려보기는 사람들을 시스템 관점으로 생각할 수 있게 한다.

그림 그리기는 경영자로 하여금 전체적 이슈를 고려하게 한다. 성공적으로 그려진 그림은 사람들이 특정 아이디어나 개념을 다르게 보게 하는 놀라운 능력이 있다. 특정 개념에 대한 관점이 변할 때, 사람들은 그 개념의 의미도 함께 변화시킨다.

가장 간단한 사례는 장님 코끼리 만지기다. 한 장님이 코끼리의 어금니를 만지면서 코끼리가 죽창과 같다고 한다. 다른 장님은 코를 만져보고서 코끼리가 뱀과 같다고 한다. 또 다른 장님은 꼬리를 만져보고서는 코끼리가 끈과 같다고 하였다. 이들은 모두 코끼리의 전체를 보지 못했기 때문에 잘못된 결론을 내리는 것이다.

마찬가지로 시스템 관점으로 생각하지 않으면 동일한 오류를 범할 수 있다. 시스템의 일부분만 보고서 전체 시스템을 본 것처럼 오해할 수 있다. 다음 사례를 보자. 회사가 여러 부서들을 통합하는 관리체계를 도입하려할 때, 일부 부서는 이렇게 반응하는 경우가 많다. "이건 우리에겐 맞지 않아." 공급체인 시스템의 이점을 개념화하는 데는 한 개인이나 한 부서의 힘만으로는 역부족이다. 따라서 이들은 이런 관리체계를 실현할 수 없다고 단언한다. 이들은 '큰 그림을 볼' 수 있어야만 자신들의 결론이 정확하지 않다는 점을 알 수 있다.

3. 반복적으로 고쳐 그려 볼 때 사람들은 자신만의 그림을 버리고 함께 그린 더 나은 그림을 수용할 수 있다. 그림 그리기는 사람들이 새로운 그림을 함께 만듦으로써 소속감을 증대시킬 수 있다. 안전관리 담당 엔지니어든 포춘 500대 기업의 경영진이든 전략, 새로운 시도, 활동 등에 몰입하게 될 때, 거의 비슷한 현상이 발생한다. 즉 사람들은 조직이나 팀이 해야 할 일들을 마음속에 그려보는 일부터 시

시스템의 일부분만 보고서 전체 시스템을 본 것처럼 오해할 수 있다.

작한다. 그 그림은 이들이 생각하기에 최고라고 생각하는 경험, 태도 및 결론에 입각해서 그려진다. 그리고 이 구도는 자신들의 경험과 태도 및 결론에 의해 강화된다. 불행하게도 이런 경우 우리는 모두 자신의 정신적 그림이 검열되지 않도록 숨기고 의식 혹은 무의식적으로 자신의 그림이 선정되도록 로비활동을 벌이게 된다. 이는 인간이 가진 본성이다. 우리는 자신의 아이디어를 좋아하고 다른 사람들도 우리의 아이디어를 좋아해 주기를 바란다. 자아가 더 커질수록 로비활동도 더욱 활발해진다. 우리는 승리하기를 원하는 것이다.

하지만 그림 그리기를 해보면 흥미로운 일이 일어난다. 만약 각자가 자신의 아이디어를 내고 여러 사람의 아이디어를 통합하여 최고 수준의 아이디어를 그려보라고 하면, 이들은 로비활동을 그만두고 아이디어를 다듬어가는 데 몰두할 것이다. 즉 더 좋은 이미지를 만들기 위한 조사, 생생한 이미지를 첨부하고 불필요한 이미지를 제거하기, 여러 이미지를 연관시키기 등의 활동들은 모든 사람을 관여시키는 것이다. 다시 말하면, 그것은 모든 사람이 함께 노력하여 만든 공유된 작품을 만드는 것이다. 이러한 과정은 혁신, 조직행동의 조화, 공동 소유권 등을 촉진시키는 역할을 한다.

이런 현상은 정치적이고 공식적인 환경에서도 매우 자주 발생한다. 그림을 고쳐 그려보기 활동을 통해 사람들은 자신들이 가지고 있는 편향된 부분을 잊고 최고의 아이디어를 찾게 될 것이다. 따라서 최종 버전의 그림은 그 어느 개인이 그린 그림보다 좋아질 수밖에 없다.

4. 반복적으로 고쳐 그려보면 아이디어의 핵심을 부각시키고 깊이를 더할 것이다. 고쳐 그려보기는 진정한 의미를 부각시킨다. 훌륭한 조각가들에게 어떻게 그들의 걸작품들을 만들었냐고 물으면, 이들은 대부분 "단지 대리석에 이미 존재하는 형상을 부각시켰을 뿐이다."라고 답한다. 이들은 자신의 역할이 단지 대리석에 붙은 불필요한 것들을 제거하는 것이라고 생각한다. 조각이란 관련되지 않은 물질, 혼동되는 부분, 불필요한 물질 등을 제거하고 세세한 부분을 줄여서 핵심을 부각시키는 작업이다.

반복해서 고쳐 그려보기도 이와 마찬가지다. 사람들은 자신의 생각을 종이에 그려서 훌륭한 아이디어가 빠지지 않게 하려 한다. 처음에는 혼란스럽고 연관성이 없는 아이디어들이 서로 엉클어져 괴상한 그림이 된다. 하지만 아이디어가 좀 더 성숙되면 그림도 더 정교해진다. 때로는 간결하게 하기 전에 복잡성을 파악해야 할 필요도 있다. 여러 차례 그림을 그리다 보면 구체적 아이디어가 생성되기도 한다. 이런 현상들이 발생할 수 있는 계기는 바로 사람들이 아이디어를 서로 점검하고 개선하는 과정을 통해 함께 생각하는 법을 깨달을 수 있기 때문이다.

5. 고쳐 그려보기는 사람들이 대화할 수 있는 공통 언어를 제공한다. 문어체나 구어체는 잘못 해석되기 쉽다. 사람들이 전략을 수립하거나 이해할 때 혹은 이들이 자신의 업무나 역할이 어떻게 조직에 적용되는지 알고자 할 때 오해나 혼동이 있을 수 있다. 불명확한 단어 성격이 이러한 오해나 혼동을 야기시킬 수도 있다. 하지만 그림 언어는 이러한 약점을 초월할 수 있다.

그림 언어를 통해 아이디어의 질이 개선될 뿐 아니라 서로 상호작용하는 방법도 더 개선될 수 있다. 상호작용 방식의 개선을 경험한 이들은 이렇게 말할 것이다. "우리는 이처럼 서로 대화를 나눈 적이 없고 아이디어를 서로 공유한 적도 없었어. 우리는 이처럼 서로 협력해 시너지를 낸 적도 없었지." 그러고는 이렇게 말할 것이다. "이러한 방법을 단지 전략 스케치에만 활용할 것이 아니라, 일상 언어에도 활용해서 의사결정의 질을 높이면 어떨까?"

그림 그리기는 당신으로 하여금 '보면 알 수 있도록' 만든다. 그리고 여러 사람이 함께 그것을 본다면 더욱 잘 알아낼 수 있을 것이다.

1. 여러분의 냅킨 스케치 경험을 생각해 보라. 냅킨 스케치로 어떤 내용을 가지고 대화를 이끌어 보았는가? 냅킨 스케치가 어떻게 도움이 되었는가?

2. '장님 코끼리 만지기' 우화에서 장님들은 코끼리의 신체 일부를 만지고는 코끼리의 전체 모양을 단정 짓는다. 여러분도 이와 비슷한 문제에 봉착한 적이 있는가? 전체 '코끼리' 즉, 전체 조직이나 시스템을 보여주기 위해 어떤 그림을 그릴 수 있는가?

3. 구성원들을 비즈니스 스토리에 몰입시키기 위해 동일한 사물에 대해 말하고 있음을 확인하는데 시간이 얼마나 걸리는가? 다른 관점을 이해하는 데는 얼마나 시간이 걸리는가? 여러 차례의 그림을 통해 더 좋은 해결책을 찾을 수 있는가?

4. 여러 번의 그림은 훌륭한 냅킨 스케치처럼 새 전략, 신상품, 새로운 출시방법, 새로운 계획 등을 만들 수 있다. 냅킨 스케치를 활용하여 간소화, 오너십, 크게 생각하기 등 효과를 어떻게 누릴 수 있는가?

5. 조직에서 구성원들이 서로 다르게 생각하거나 해석하는 부분은 무엇인가? 위에서 언급한 식당의 사례처럼 사진을 찍고 그것을 벽에 진열하여 그중에서 가장 합당한 조직 목표나 팀 목표를 반영한 그림을 선정할 수 있는가?

6. 여러분 조직이 직면한 시장환경을 냅킨 스케치로 그려 보라. 비즈니스와 시장환경의 영향력을 생각해 보라. 앞으로 조직의 비즈니스에 가장

큰 영향을 미칠 5개의 시장 영향력을 선정해 보라. 화살표, 막대기, 도형 등을 활용하여 조직 환경에 대한 드라마나 큰 그림을 냅킨에 그려 보라. 여러분은 이러한 스케치를 아주 간단하게 만들 수 있다. 다만 강조하고 싶은 부분에 초점을 맞추면 된다. 그리고 동료들에게 이 스케치를 설명해 주고 질문이 있는지 물어보라. 동료들의 질문과 코멘트에 근거하여 기존의 스케치를 수정하고 편집하여 새로 그려보라. 새 버전의 스케치를 통해 배운 점을 정리해 보라. 어떻게 이런 간단한 스케치를 이용하여 구성원들에게 변화의 필요성과 전략 실행의 중요성을 설득할 수 있는가?

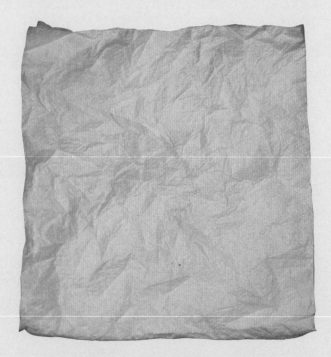

여기 냅킨이 있다. 스케치를 시작하라.

12 장

셋째 비결:
경영진을 신뢰하라

> ❝ 사람들이 서로 진실을 말할 때 변화가 일어난
> 다. 이 그림을 보고 우리는 많은 책임감을 느꼈고
> 조직 전체의 이익을 위해 서로 돕게 되었다. ❞

만화 속 주인공인 딜버트Dilbert를 그린 스콧 애덤스Scott Adams는 실
물 스케치 분야에서 매우 유명한 사람이다. 애덤스는 우리에게 조직
의 재충전, 구조조정 및 TQM으로 인한 희생자들의 불행을 보여주면
서 반전을 가하거나 이를 극복할 수 있는 아이디어를 제안한다. 분명
한 것은 애덤스가 사람들의 심금을 울린다는 사실이다. 1989년 데뷔
이래 딜버트는 57개 국가, 1,900여 개의 신문에 실렸으며 19개국 언
어로 번역되었다. 이는 전 세계적 호응을 받고 있음을 의미한다.

딜버트의 고달픈 직장생활을 묘사하기 위하여 애덤스는 일상 업무
에서의 무의미한 관료주의, 규제, 조종 메커니즘, 변덕스러운 관리
기법 등을 보여준다. 딜버트가 사람들에게 고충을 호소하면 사람들
은 자신들을 좌절하게 하는 그 호소에 귀를 기울인다. 직장생활에 대

한 애덤스의 묘사는 현실생활을 매우 잘 반영하고 있기에 대부분 사무실 직원들은 딜버트의 만화 한쪽 정도는 책상에 걸어 놓고 있을 정도다. 딜버트 만화가 너무나 진실을 잘 나타내고 있기에 사람들은 이에 마음을 빼앗기는 것이다.

사람들이 딜버트 만화를 보는 데 있어서 문제가 있다면, 그건 이 만화가 냉소적일 뿐이어서 어떤 해결책을 제시하지 못한다는 점이다.

진실은 신뢰를 필요로 한다

서로에게 진실하지 않으면 진정으로 서로를 몰입시킬 수 없다. 《신뢰의 속도The Speed of Trust》에서 스티븐 코비Stephen Covey는 조직의 신뢰는 동기부여와 영감을 일으키는 가장 강력한 형태이며, 신뢰는 영향력 행사의 궁극적 원천이라고 주장한다. 반면 불신은 의사결정, 의사소통, 인간관계, 성과 등을 지연시키거나 소홀하게 만든다. 불신은 예외적이라기보다는 오히려 보편적인 현상이라고 할 수 있다. 코비는 다음과 같은 통계결과를 보여 준다.

- 단지 51퍼센트의 구성원들만이 자기 회사의 관리방식을 신뢰한다.
- 단지 36퍼센트의 구성원들만이 자신의 경영자가 성실하다고 믿는다.

- 단지 27퍼센트의 사람들만이 정부를 신뢰한다.
- 단지 12퍼센트의 사람들만이 대기업을 신뢰한다.

코비에 의하면, 신뢰보다 더 중요하고 소중한 것은 없다.

사람들을 성공적으로 몰입시키려면 성실성, 진실성, 현실성 등이 필요하다. 그러려면 우선 현실에 대한 정의를 내려야 하고 그 현실을 그대로 받아들이는 용기가 필요하다. 왜 그러한가에 대해서는 다음과 같은 사람들의 신념이 존재하기 때문이다.

- 사람들은 관리자와 경영자가 진실을 듣고 싶어하지 않는다고 생각한다.
- 사람들은 진실을 말하는 데는 위험이 따른다고 생각한다.
- 사람들은 '토론금기' 이슈들을 어떻게 토론하는지를 모르며 조직에서 어떻게 해야 자신들이 긍정적으로 비춰질 수 있는지를 모른다.

사람들의 이런 신념 때문에 우리의 일상생활은 항상 현실성과 진실성이 부족한 것이다. 이런 현실 때문에 사람들은 진실보다는 다른 사람들이 듣고 싶어 하는 말만 하게 된다. 따라서 우리의 기대, 사고, 교제 속에는 진실성이 부족하고 전형적인 '몰입'은 단지 제스처나 속임수에 지나지 않게 된다.

더 좋은 방법을 찾으려면 진실을 그림으로 그려보라

직원들을 전략에 몰입시키고 비즈니스 성과를 높이려면, 진실된 논의, 현실성 있는 논의가 필요하다. 대부분의 회사와 팀은 이런 대화를 어떻게 이끌어나가야 하는지 잘 모른다. 진실 말하기에서 가장 갈망하던 부분은 바로 '우리가 초점에서 벗어나 있다는 것' 들을 시인하는 것이다. 블랙벨트 자격을 획득한 어느 회사 간부는 이렇게 말했다. "우리는 먼저 현 상태를 인정할 필요가 있어요. 직원들은 서로 과거를 들먹이며, 서로를 비난하고 받아들여야 할 잔인한 현실은 기피하지요. 우리에게는 단도직입적이고 간단명료하게 몰입할 수 있는 방법이 필요합니다."

이와 같은 토의 방식을 활용해서 그 팀은 성과를 한 단계 끌어올릴 수 있었다. 중요한 논의는 서로 개방된 상태에서 진행되어야 한다. 하지만 대부분의 조직에서 중요한 대화는 음료수대 부근, 화장실, 복도 등에서만 들어볼 수 있다. 사람들은 이러한 장소에서 자신들의 속내를 부담 없이 들어내며 자유롭게 이야기하는 것이다.

우리는 많은 회사들과 일하면서 이 숨겨진 뒷이야기를 공식적으로 끌어내는 기술을 개발하였다. 이 중에는 '음료수대 스케치' 라는 기술이 있다. 경영자들이 경험한 장애물과 도전들을 우리에게 알려주면 우리는 화가를 시켜 이러한 문제와 장애물에 대한 흑백그림을 그려보게 하였다. 재미있는 풍자만화, 만화 형식의 인용구와 유머 등이 그려진 이 스케치는 말로는 잘 표현할 수 없었던 문제의 핵심에 접근

진실을 말해도 안전하다고 느끼는 장소들

할 수 있게 하였다. 가벼운 분위기를 만들어 누구도 이러한 조직의 자아비평을 불쾌하게 받아들이지 않도록 하였다.

이러한 음료수대 스케치는 현실을 적나라하게 반영하는 거울이 될 수 있다. 이 스케치는 갈등, 불명확한 전략, 파괴적 행동 등을 언급하는 비공식 채널과 개인과 팀의 효과성을 높이는 기회가 될 수 있다. 또한 이 스케치는 사람들이 어려운 이슈를 솔직하게 토론하도록 하는 효과적인 방법이기도 하다.

이 스케치는 의견, 태도, 신념 등이 솔직하게 논의될 수 있게 하고 성숙한 해결책을 이끌어내게 할 수 있다. 직원들은 이 스케치를 보고 가만히 있을 수는 없을 것이다.

음료수대 스케치를 통해 도전적인 몰입 과제를 성공적으로 다루었던 회사들을 들어보자.

이슈와 사람을 구분하라

최근에 어느 대규모 공공업체와 함께 일한 적이 있다. 이 업체의 경영진들은 서로간에 매너를 갖추고 외교적인 행동을 보여주곤 하였다(스케치가 보여준 유머는 바로 관리자들이 동료들과 상대할 때 한 박스의 '예의 티슈'를 사용하는 것임). 이 경영진들은 뒤에서는 매우 비열하게 행동하였지만 공식적인 장소에서는 예의바르게 행동하였다. 공식적인 장소에서 예의바른 이러한 행동은 의견 차이와 갈등을 회피하는 편리한 버팀목이 되었다. 그러나 어려운 주제에 대해 토론할 때, 이들은 어떻게 대화를 이끌어 가야 할지 몰랐다.

이러한 갈등 회피 관행으로 인해 경영진들 간에는 가장 쉬운 비즈니스 변화조차도 이행하기 어려웠다. 많은 인터뷰를 통해 우리는 이들의 최대 문제가 바로 이슈와 사람을 구분하지 못하는 것임을 발견하였다. 이슈와 사람을 구분하지 못하는 문제는 경영 전반에 보편적으로 퍼져 있었고, 이런 문제로 인해 경영진은 의사결정을 제때에 할수 없어 경쟁사의 위협을 언급할 수조차 없었다. 더욱 위험스런 것은 경영자가 정치적인 분위기를 만들어 동료들이 무엇을 생각하는 것조차 모르게 하는 것이었다. 진실 말하기는 핵심역량 그 자체였다.

사람과 이슈를 분리하기 위하여 우리의 화가들은 스케치를 그렸다. 첫 번째 스케치에는 두 가지 중요한 비즈니스 이슈가 서로 겨루기 위해 링에서 대기하고 있다. 이 이슈들은 최선의 의사결정을 내리기 위해 반드시 논의되어야 할 것들이었다. 그러나 이 스케치에서는 두 이슈가 전혀 대결하지 않고 잠자코 있는 모습만 묘사되었다. 링에서 아무런 경기도 치러지지 않은 동안 이 이슈와 연관되어 있던 링 밖의 사람들은 서로 치고 박고 싸우는 모습을 보여 주었다. 서로 모순되는 의견과 적대적인 논쟁은 대단히 개인적이고 정서적인 것이다.

문제를 그림으로 보여줌으로써 처음으로 개방적인 진솔한 대화가

스케치 1 : 사람들을 이슈와 분리하기는 어려울 수 있다.

가능하게 되었다. 이러한 스케치로 인해 경영진과 관리자들은 조직의 발전을 가로막는 문제되는 행동들을 자유롭게 논의할 수 있게 되었다. 이슈와 사람이 구분되지 않고 한꺼번에 논의될 때 대화는 혼란스러워진다. 특정 관점에 대해 동의하지 않는 것은 바로 이 관점을 제기한 사람에 대한 공격으로 해석되기 때문이다. 그에 따라 팀은 좋은 사람과 나쁜 사람으로 갈라진다. 서로 다른 관점을 가진 사람들이 자신들의 의견을 공식적으로 발표할 때 분위기는 곧 험악해져서 언성이 높아지고 서로의 신뢰가 깨지게 된다.

경영진은 이 스케치를 보고 나서 변화가 생겼다. 특정 이슈를 반대하는 입장을 가지고 있다하더라도 이 이슈를 제기한 사람 그 자체는 문제가 안 될 수 있다는 것을 깨달았던 것이다. 이슈와 사람을 구별하는 것은 중요한 결정을 내리기 전에 엄밀한 논쟁을 할 수 있는 결정적 요인이다. 경영진은 이슈와 사람을 어떻게 구분해야 마땅한지를 두 번째 스케치를 그려서 보여 달라고 요청하였다.

두 번째 스케치에서 두 가지 이슈는 아주 다른 모습이 된다. 이번에는 이슈들이 결판을 내기 위해 서로 격렬한 몸싸움을 벌이고 있다. 이것을 구경하는 사람들은 서로 나란히 앉아 두 가지 이슈의 활발한 논쟁을 응원하고 있다. 이들은 예전처럼 서로 다른 의견 때문에 싸우지 않는다. 이처럼 현실에 대한 적나라한 그림을 통해 직원들은 이슈와 사람을 구별해야 한다는 점을 깨닫게 되었다. 이 업체는 아직도 그림 스케치로부터 영감을 얻은 언어를 활용하여 중요한 이슈들을 다루고 있다.

스케치 2 : 현실을 눈에 보이게 하면 이슈는 투명해 질 수 있다.

베테랑 직원과 신참 직원 간의 격차

음료수대 스케치가 어떻게 여러 종류의 문제를 다루는지 살펴보자. 어느 금융회사의 팀이 큰 변화에 직면하게 되었다. 이 팀에는 베테랑 직원과 신임 직원들로 구성되어 있었는데, 이들은 각각 '고참'과 '신참'으로 갈라지게 되었다. 양쪽 직원들과 이야기를 나눈 후 우리의 화가들은 이들의 현실을 그림으로 보여 주었다. 이 그림에는 한 무리의 어린이들이 '경영자 모래놀이 박스executive sandbox'에서 놀고 있다.

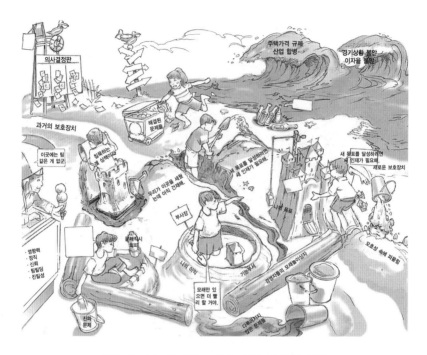

변화의 파도 앞에서 조직을 위한 튼튼한 성을
쌓는 대신 자신만의 모래성을 쌓고 있다.

고참들의 생각은 "우리가 이곳을 건설했고 아직 무너지지 않았다."
이고, 신참들의 생각은 "우리는 새로운 목표를 위한 신예들이다."이
라는 것이었다. 양측 모두 조직의 성과를 높이는 데 주력하기보다 상
대방보다 더 큰 영향력을 행사하는 데 급급했다. 양측은 모두 조직
전체를 위한 성을 쌓는 대신 자신들만의 성을 쌓는 데 주력하였던 것
이다. 이들은 모두 통일된 목표가 없어서 힘들어 했고 애매모호함 속
에 파묻혀 있었다.

이 팀에게 그림을 그려 보여주자 그들은 자신들이 그 그림의 주인

공임을 바로 알아차렸다. 이 회사의 CEO 말처럼 "사람들이 서로 진실을 말할 때 변화가 일어난다. 이 그림을 보고 우리는 많은 책임감을 느꼈고 조직 전체의 이익을 위해 서로를 돕게 되었다." 이 팀이 깨달은 것은, 경험이 많은 경영자나 열정이 넘치는 직원 모두 회사에 큰 영향을 미치기를 바라고는 있으나 통일된 목표가 없다면 시너지를 창출하기 힘들다는 것이다. 고참들은 산업을 이해하고, 금융서비스 분야의 비즈니스, 숨어있는 리스크 등에 대한 조예가 깊다. 반면 신참은 비즈니스 혁신을 가져오고, 프로세스 수준을 제고하며, 조직의 순발력을 키울 수 있다. 결국 이 팀이 승리하기 위해서는 이러한 요소가 모두 필요한 것이다.

진실에 대한 이미지를 변화시켜라

진실을 그림으로 보여주는 것은 조직이 어떻게 핵심 대화를 이끌어나가야 하는지를 가르쳐 준다. 이 스케치는 모든 구성원들에게 비즈니스 성과를 내는 데 장애가 되는 갈등요인들을 어떻게 관리해야 할 것인지를 보여준다.

책임의식을 높이려 하거나, 현 상황에 도전하게 하며, 활력을 주고, 개선을 위한 열정을 불러일으키려 한다면 우선 진실을 그려내는 것이 중요하다는 점을 명심하라. 대부분의 경우에 진실을 그리는 것은 큰 부담없이 진실을 의논할 수 있는 기회를 제공한다. 이를 만드는 과정은 각 팀이 자신들의 생각하는 모습과 생각을 기존 그림에 넣으면 된다. 그리고 팀원들에게 가장 현실에 가깝고 토론 주제가 될 만한 부분을 선정하도록 요청하면 된다. 또한 팀원들에게 자신들의 행동 중 어떤 것이 이런 진실과 관련되며 그 행동을 변화시키기 위해 어떻게 해야 하며 바람직한 미래상은 어떤 것인지를 설명해 주도록 요청하면 된다.

딜버트 만화에서 볼 수 있는 냉소와 고난이 의미하는 것은 불만족스러운 현실을 바꾸기 위해서는 누군가의 행동이 필요하다는 점을 암시한다. 그러나 진실을 그려보면 불만족스러운 현실은 사실 모든 이들이 함께 져야 할 책임이라는 점을 볼 수 있게 된다. 그림 스케치를 잘 활용하는 핵심목적은 대화를 유도하여 현실이 어떻게 바뀌어야 하는지를 의논하는 것이다. 결국 현실을 어떻게 바꾸어야 하는지에 대한 논의인 것인데, 이는 조직의 경영진에서부터 이루어져야 한다.

여러분의 조직이 직면한 도전과 현실을 생각해 보라. 위에서 예를 들었던 음료수대 스케치의 사례와 비슷한가? 만약 아니라면, 조직의 스케치(냅킨 스케치도 좋음)를 그려 보고 상사나 동료에게 보여주어 그동안 논의가 불가능했던 주제들에 대해 토론해 보라. 가장 간단한 방법은 '방 안의 코끼리'를 그려 보거나 혹은 다음의 그림을 사용해 보는 것이다. 상사나 동료에게 스케치에서 빠진 이슈 및 조직 성과의 장애 요인을 물어보고 그것들을 직접 코끼리 그림 위에 적어보라. 논의가 불가능했던 이슈들을 토론에 끌어들이는 또 다른 효과적인 방법은 www.rootsof engagement.com에 있는 음료수대 스케치를 상황에 맞게 활용해 보는 것이다. 이 스케치에는 효과적 대화촉진에 도움이 되는 독특한 글귀와 해설이 들어있다.

방 안의 코끼리는 무엇인가?

여러분이 그린 냅킨 스케치나 음료수대 스케치, 혹은 코끼리 그림 위에 적었던 말들을 가지고 상사, 동료 등과 함께 토론할 때 다음 문제를 물어볼 수 있다.

1. 이 그림에서 토론해야 할 주제는 무엇인가?
2. 이 그림에 어떤 이미지나 인용구를 더 첨부할 것인가?
3. 이 그림이 보여준 현실이 우리의 비즈니스에 영향을 주는가? 만약 영향을 준다면, 어떻게 영향을 주는가?
4. 어느 이미지나 인용구가 여러분의 조직과 가장 연관성을 가지고 있는가?
5. 이 그림이 완성되기까지 우리는 각자 어떤 공헌을 하였는가?
6. 우리는 이 그림으로부터 어떤 도움을 얻을 수 있는가?
7. 우리는 왜 이런 그림 상태를 지속하고 있는 것인가?
8. 이 그림과 같은 상태를 바꾸지 않는다면 어떻게 성공을 이룰 수 있는가?
9. 이 그림의 모든 현실 문제를 고려해 볼 때, 이 그림의 제목을 뭐라고 붙일 수 있겠는가?
10. 우리 구성원들이 현실을 인식하도록 하려면 어떻게 이 그림을 바꾸어야 할 것인가?

13 장

넷째 비결 :
자신만의 해결책을 만들라

> 66 노력하는 과정이 없으면 사고의 범위가 넓어
> 질 수도 없다. 모험이나 탐구가 없으면 새로 배우
> 는 것도 없다. 진정한 몰입은 모험이나 탐구가 필
> 요하다. 99

청년부터 노인에 이르기까지 사람들에게는 문제를 풀고 싶어하는 욕구가 있다. 우리는 유아기에 몇 개의 블록들을 각기 맞는 구멍에 끼워놓기부터 시작해서, 좀 더 크면 복잡한 조각 그림 맞추기 게임을 통해 24개 조각에서 1천 개 조각까지의 그림 맞추기 게임을 한다. 십 대 아이들은 잘 인식하지 못하지만, 비디오 게임은 기본적으로는 상호 작용하는 퍼즐 게임이다. 게임자가 코스를 조정하고 판단을 하고 최종적으로는 선택을 함으로써 최고점을 얻으려는 과정으로 구성된 다. 크로스워드 퍼즐crossword puzzle 애호가들은 도처에 있고, 이 퍼즐을 맞추기 위해 낙서하는 사람들의 모습은 어디를 가나 쉽게 찾아 볼 수 있다.

제임스 패터슨James Patterson(미국의 추리소설가)의 소설, 역시 수수께끼라고 할 수 있는데, 독자들은 이 소설의 인물과 줄거리가 어떻게 서로 맞물려 나가는지를 맞추어 보도록 유도된다.

이 모든 퍼즐들은 사람들이 스스로 생각해 보도록 유도하여 자신의 추측에 도전해 보고 그 다음을 추측해 보도록 하는 것이다. 이 사례들의 공통점은 사람들이 서로간의 연결성과 새로운 관계성을 찾는 데 몰입함으로써 성공적으로 문제를 풀어간다는 것이다. 수수께끼 풀기는 사람들의 사고, 논리, 정보처리 능력을 높이는 아주 훌륭한 방법이다.

두 살짜리 아기가 블록들이 모두 제 위치에 꽂히는 것을 보고 환호하는 것이나, 15살 청소년이 최신 비디오 게임을 마스터하는 것이나, 어느 교수가 〈뉴욕 타임스NewYork Times〉의 크로스워드 퍼즐을 제시간에 맞추는 것이 모두 이러한 수수께끼를 푼다는 것에 만족해한다. '자기 힘으로' 문제를 해결할 때 인해 자부심을 느낀다는 것은 확실해 보인다.

교육자들은 이와 같은 것을 '발견 학습discovery learning'이라고 한다. 그 원인은 이것이 수동적 지식 전수 대신 주도적 학습 참여를 의미하기 때문이다. 수동적 학습은 조직의 보편적 현상으로서 '머그 및 주전자mug-and-jug' 이론이라고 부른다. 이것은 학습자는 가만히 앉아 있고 지식을 소유한 사람은 자기 주전자에 든 지식을 학습자의 머그에 쏟아 붓는 것과 같기 때문이다.

이와 반대로 '발견 학습'은 정보를 '채굴'하는 데 필요한 지식과 도구를 제공하여 학습자가 개념을 이해하고 문제를 해결하게 한다.

마구 쏟아붓는 지식은 발견 학습을 일으키지 못한다.

이 학습 방법은 미리 결론을 내리는 것을 금지한다. '발견 학습'은 학습자가 스스로 질문하고 해답을 찾으며 실제 사례에서 개념을 모으도록 한다. 따라서 학습자들은 개념을 자신들이 이해가 가능한 새 것으로 만들어낸다. 과학자에 의하면 인간의 머리는 흩어져 있는 정보 조각들을 서로 연결시켜 전체를 만들고자 시시각각 노력한다. 완전한 하나로 연결되었을 때 우리는 "아하 바로 그거야."가 저절로 터져 나오게 된다.

아하! 바로 그거야

답을 얻으려고 정보들 간의 연결성을 찾으면서 생기는 통찰력은 문제해결로 이어지게 된다. 이 통찰력에 의해 사람들은 다른 사람들과는 다른 다양한 해결 방법을 모색하게 된다. 가장 좋은 해결책은 다양한 시행착오로부터 시작된다. 즉 한 가지 방법을 생각해 본 다음 맞지 않으면 다른 방법을 계속 찾아보는 식으로 계속하여 최종적으로 해결방법을 찾아내게 되는 것이다. 새로운 질문을 던져봄으로써 새로운 시도와 새로운 조사를 해보며, 이것을 통해 새로운 연관성을 찾아낼 수 있다. 이것이 바로 수수께끼를 푸는 방법이고, 이러한 매력 때문에 사람들은 수수께끼에 매료되고 몰입하게 된다.

수수께끼를 풀기 전에 먼저 해답을 보고 시작할 수도 있다. 하지만 왜 많은 사람들은 그렇게 하지 않는가? 그 이유는 바로 사람들이 스스로 답을 찾고 싶어 하기 때문이다. 단지 답을 찾는 것이 목표라면, 우리는 곧바로 추리소설의 마지막 장을 읽거나 비디오 게임을 마스터하는 법을 보여주는 블로그를 살펴보면 될 것이다.

하지만 단지 해답을 찾는 것보다 더 중요한 것이 있다. 탐색해보고 발견하는 것이 없으면 성취감을 느낄 수 없다. 노력하는 과정이 없으면 사고의 범위가 넓어질 수도 없다. 모험이나 탐구가 없으면 새롭게 배우는 것도 없다. 진정한 몰입에는 모험이나 탐구가 필요하다. 사람들은 자신감과 능력을 키워서 스스로 문제를 해결하려고 한다. 자신감이 커지면 더욱 어려운 문제를 시도하려 할 것이다. 비즈니스 문제의 해결은 전략의 수립이 아니라 전략의 실행에서 찾아야 하는데, 이렇게 해야만 진정한 몰입이 나타날 수 있다.

그런데 왜 경영자는 직원을 몰입시키는 최상의 방법이 정답을 보여주는 것이라고 생각하는 것일까? 만약 이러한 '해답'이 파워포인트 발표, 연설, 문서 등을 통해 제시한다면 사람들은 문제해결을 위한 중요한 연결고리를 찾는 기회를 박탈당하고 말 것이다. 사람들은 생각할 여지가 없이 미리 말해주는 것과 해답을 곧바로 보는 것을 원하지 않는다. 이들은 조사업무에 적극적으로 참여하여 비즈니스가 어떻게 운영되는지를 탐구하고 도전하며 제안하고 싶어 한다.

앞에서 언급한 바 있듯이, 직원들은 경영자가 내린 결정을 인정하기는 하지만 각자의 방식대로 대처한다. 따라서 경영자가 직원들의 생각을 변화시키려면, 이들이 비즈니스 문제의 해결에 적극적으로 동참하게 해야 한다. 사람들은 다른 사람에 의해 자신의 생각을 바꾸려 하지 않는 것이다.

퍼즐의 달인, 소크라테스

수천 년 전 소크라테스Socrates는 배움을 통해 질문으로 진실을 깨닫는 과정이라는 점을 알았다. 그는 제자들에게 결론을 먼저 던지는 대신, 이들이 스스로 탐구하여 답을 찾게 하였다. 소크라테스는 이 과정을 '대화dialogue'라고 불렀다. 《제 5경영》에서 피터 센게는 여러 종류의 대화가 서로 어떻게 다른지를 정리하였다. '토론discussion'은 '충돌percussion'과 동일한 어원으로서 다른 사람에게 아이디어를 '던짐throwing'을 의미한다. 하지만 '대화dialogue'는 그리스 단어 '다이어dia(가로지르다)'와 '로고스logus(말)'에서 유래한 것으로서 '서로 교차하는 의미the meaning comes across'를 뜻한다.

소크라테스는 항상 소집단을 만들어 대화가 한 사람의 머릿속에서만 머무르게 하지 않았다. 서너 명이 모이면 모든 사람들이 각자의 관점을 제시하게 하였다. 대화는 본질적으로 그동안 당연시해 온 가정들에 도전장을 던지고 오래된 신념을 점검하게 하는 기능이 있다. 따라서 대화법은 구성원들을 비즈니스에 몰입시켜 성과를 향상시킬 수 있다.

모든 비즈니스는 지속적으로 발생하는 문제를 해결하기 위해 끊임없이 노력하는 것이다. 비즈니스는 대부분 어려운 수수께끼처럼 많은 생각, 역경, 실수 그리고 추리능력이 필요하다. 이러한 문제를 해결하는 비법은 소크라테스식 대화법을 전략적으로 사용하는 것이다. 이 대화법은 여러 이슈에 대해 생각나는 대로 질문을 주고받는 것은 아니다. 이 대화법은 전략과 관련된 의도적이고 체계적인 질문을 주고받음을 의미한다.

질문이 '전략적'이라는 이유는 경영진이나 팀들이 비즈니스를 대상으로 오랜 기간 조사와 분석을 통해 선정한 것이기 때문이다. 이것은 경영자들이 해결하려고 노력해왔던 까다로운 질문들이기도 하다. 이 질문의 사용 목적은 모든 구성원들이 비즈니스 이슈에 대해 동일한 비판적 사고방식을 갖게 하는 것이다. 또한 질문은 소크라테스 방식처럼 정확한 정답이 있는 것이 아니어야 한다. 그러나 질문은 현 비즈니스 상황에서 최상의 해결안을 중심으로 일관성 있게 정렬되고 다듬어져야 하는 것이다.

올바른 질문이란 어떤 것인가?

질문을 추려내기 전에 다음과 같이 대담한 발언을 생각을 해보라. "우리가 살고 있다고 생각하는 세상은 이제 더 이상 존재하지 않게 될 것이다." 왜 그러냐고? 우리가 무엇이 되어가고 있는지를 깨닫는

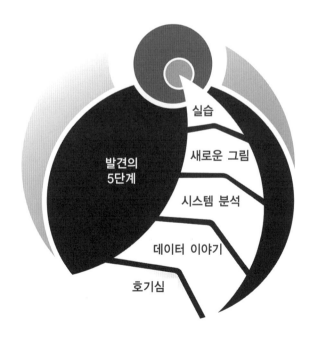

순간, 이미 현실은 변해 버릴 수도 있기 때문이다. 사람들은 대부분 주위의 세계에 대한 해석이나 설명을 머릿속에 가지고 있다. 즉 머릿속 그림들은 현재의 신념과 결론을 반영한다. 하지만 머릿속에서 발전해가고 있는 생각과 현실 사이에는 큰 시간 차이가 존재한다. 따라서 머릿속의 구상과 비즈니스 현실의 실제 그림을 일치시키기 위해서는 몰입과 탐색적 학습이 매우 중요하다.

앞의 그림에서 볼 수 있는 '발견의 5단계'는 소집단 구성원들이 전략적 대화에 몰입할 수 있는 방법을 논리적이고 단계적으로 보여주고 있다. 이 전략적 대화는 비즈니스를 보는 기존 관점을 변화시킨다. 각 단계는 비즈니스가 어떻게 변하고 있으며 성공을 위해 무엇을 변화시켜야 하는지를 직원들이 스스로 알 수 있는 핵심 요소로 구성되어 있다.

직원들의 호기심을 자극하기, 데이터와 가장 최신의 '이야기'를 연결시키기, 비즈니스를 하나의 완전한 시스템으로 하여 새로운 구상이나 결론을 만들기, 그렇게 얻은 새로운 결론들을 실생활에 적용시키기 등은 전략 실행을 위해서는 반드시 해야 할 일들이다. 이 프로세스는 대화, 발견, 몰입에 관한 것이며, 또한 비즈니스 전략을 개인의 업무와 연관시키는 법을 터득하는 것과도 관련된다. 이 다섯 가지 단계는 수수께끼를 푸는 과정과 비슷한데, 문제를 자기 힘으로 해결하기 위하여 자신들의 생각을 바꾸어 보고, 오너십과 멤버십을 가지며 그 해결방식을 실생활에 적용시키는 일에 재미를 갖는 것이다.

이 다섯 가지 단계를 더 구체적으로 살펴보자.

호기심　호기심은 사람들이 정말로 알고 싶어하는 것들을 이끌어 낸다. 호기심은 비즈니스에 대한 인식이나 가정을 다루며 여기서 유발되는 질문들이 바로 호기심을 불러일으킨다. 이러한 질문들은 흥미를 일깨우면서 비즈니스와 관련된 모든 계층의 사람과 연관된다. 이 질문들에는 다음과 같은 것들이 있다.

- 이 비즈니스에서 1달러 수입 중 순이익이 차지하는 비율은 얼마인가?
- 우리의 최대 고객은 누구인가?
- 재고량을 돈으로 환산하면 얼마나 되는가?
- 가장 새롭게 등장한 고객집단은 누구인가?
- 우리는 생산과정에서 얼마나 많은 돈을 낭비하는가?

데이터 이야기　호기심이 생기고 자기 일과 비즈니스와의 관련성을 이해하면 정보나 '데이터 이야기'를 제공해야 한다. 데이터 이야기는 핵심 이슈들의 트렌드나 동향의 진행상황을 보여준다. 데이터와 관련된 질문들은 비즈니스의 성공과 실패를 이해하도록 돕는다. 비즈니스의 성공과 실패는 사람들이 잊지 말아야 할 냉혹한 현실을 반영한다. 데이터 이야기는 비즈니스에서 전통적 관점을 견지해야 하는지 아니면 새로운 아이디어를 받아들여야 하는지 깊이 숙고해야 하는 부정할 수 없는 증거들이다. 거부할 수 없는 이들 증거들은 트렌드가 상승세인지 혹은 하락세인지 아니면 현상유지 수준인지를 가장 잘 보여주는 것이다. 이들 트렌드는 모두 비즈니스에 대한 긴박감

을 다양하게 알려주는 것이다. 사례를 보자.

- 고령화 추세는 우리의 미래 비즈니스에 어떤 영향을 줄 것인가?
- 우리의 5개 주요 시장 중 3개 영역에서 이윤이 감소하고 있는데, 그 근본 원인은 무엇인가?
- 계속 줄어들고 있는 제품의 라이프 사이클을 고려할 때, 시간은 미래의 신상품 출시에 어떤 영향을 줄 것인가?

시스템 분석　비즈니스는 대부분 시스템을 다루지만 사람들이 시스템 관점으로 생각하는 경우는 드물다. 그러기에 데이터 이야기와 비즈니스 시스템을 포함하고 있는 질문은 매우 중요하다. 이러한 질문들은 낡은 정보와 새로운 정보, 관계구조와 전체 구도 등을 비교해 보도록 촉진한다. 데이터 이야기를 시스템 분석과 결합하는 것은 기존 지식을 새 정보와 함께 다루는 데 있어 매우 중요하다. 이렇게 함으로써 우리는 기존의 여러 가지 결론들을 점검하고 숙고할 수 있다. 이것은 크로스워드 퍼즐 게임에서 가로 방향의 두 번째 단어를 맞추면 세로 방향의 세 번째 단어를 쉽게 맞출 수 있는 것과 흡사하다. 이 과정은 폐기학습, 새로운 관계형성, 기존 가정에 도전하기, 완전히 새로운 결론을 내리기 위한 근거 마련하기 등이 포함된다. 이런 질문들은 대부분 "당신은 OOO에 대해 어떻게 생각하십니까?"로 시작되며 사람들의 가정과 경험을 활용하여 이것을 더 큰 시스템 환경에 통합시킨다. 다음 사례를 보자.

- 우리가 가격을 높인다면, 경쟁은 어떻게 될 것인가?(시장점유 이

슈, 수익성 문제, 미래성장 문제 등 시스템 요소를 고려해야 함)

- 연간 성장 수치를 나타내는 것 중에서 가장 놀라운 것은 무엇이며 왜 그런가?
- 최근 생산이 늘어나는 추세의 근본 원인은 무엇인가?
- 이와 같은 요인들 중 어느 것이 우리 조직에 가장 큰 영향을 미치는가?

새로운 그림 호기심과 데이터 이야기, 시스템 분석 등 세 가지를 통합하면 새로운 결론을 만들 수 있다. 이 새로운 정신적 그림이 가능해지면 기존의 의견과 신념이 변화되고 다양한 행동을 수용할 수 있게 된다. 생각이 변하면 행동도 변한다. 새 그림을 그릴 수 있게 해주는 것은 사람들로 하여금 새로운 정보와, 대화, 그리고 이들 간의 연관성을 통해 추론을 가능하게 촉진해주는 질문들이다. 이때 사람들은 기존의 신념을 새로운 인식으로 바꾸게 된다. 이러한 질문을 활용하여 새로운 결론에 이르려면 앞의 세 가지 단계들을 활용하는 것이 필요하다. "당신은 어떻게 생각하는가?"라는 질문 대신에 "어떻게 그 모든 것들이 전체를 이루는가?"라고 묻는 것이다. 이 질문들은 다음과 같은 것이다.

- 과거의 가격 동향, 시장에서의 새로운 가격 압력, 최근의 가격 변화에 대한 소비자 반응을 고려할 때 우리가 가격을 올려도 괜찮은가?
- 소비자 요구 변화, 급격한 생산량 증가, 새로운 배송 속도 기준

등을 고려할 때 고객 주문처리 과정을 어떻게 변화시켜야 하는가?

- 최대 이익을 주는 고객집단이 감소하고 최소 이익을 주는 고객집단이 증가하는 상황을 고려할 때, 우리는 이익과 물량 중 어디에 중점을 두어야 하는가?

실습 이 단계에서 사람들은 새로 얻은 결론을 그들의 도전에 활용하고 그들 앞에 놓인 기회에 이를 적용해 본다. 실습하려면 새로운 그림과 그렇게 얻은 결론을 비즈니스의 도전과제에 적용하려는 노력이 있어야 한다. 이를 위해서는 "어떻게 해야 우리가 변할 수 있을까?"라는 물음이 필요하다. 이 질문은 더 좋은 성과를 얻기 위해 어떤 행동이 필요한지를 확인해 보도록 이끈다. 이 질문에 답하는 과정을 통해 앞의 다섯 가지 단계들로부터 깨달은 행동과 결론을 실습해 볼 수 있다. 다음 사례를 보자.

- 우리는 시장에서 어떻게 해야 더 차별화된 전략을 잘 펼칠 수 있을까?
- 생산 과정에 들어있는 재공품 재고량을 어떻게 줄일 것인가?
- 신상품 개발과 출시를 어떻게 가속화할 것인가?
- 우리는 어떻게 전략을 더 잘 이행할 수 있을까?

이 다섯 가지 단계를 거쳐 사람들은 생각하고 도전하며, 대화하고 토론하며, 배워서 관점을 바꾸며, 비즈니스가 어떻게 운영되는지에 대한 새로운 영감을 얻게 된다. 이러한 새로운 영감은 비즈니스가 성공할 수 있도록 필요한 사고의 변화를 일으킨다. 이 다섯 단계는 단순히 변화 그 자체뿐만 아니라 궁극적으로 그러한 변화에 빠져들게 하는 것이다. 각 단계에 관여함으로써 직원들은 비즈니스를 이해할 수 있을 뿐만 아니라 몰입과 소속감을 키울 수도 있게 된다.

행동에서의 발견 단계

앞에 설명한 다섯 가지 발견 단계를 통해 비즈니스 관점을 변화시킨 어느 회사의 사례를 보자.

유리 제조업체 이스트 코스트East Coast의 경영진들은 직원들이 더욱더 훌륭히 생산 작업을 수행해 줄 것을 바랐다. 타운홀 미팅에서 한 관리자가 직원들에게 물었다. "회사운영에 대해 여러분이 일하면서 알고 싶은 것이 무엇입니까?" 일부 직원들은 공장에서의 처리량과 가동 수준에 부합되지 않는 재무결과 보고서가 혼란스러웠다. 누군가 물었다. "우리가 이렇게 열심히 일했는데 왜 수익이 이렇게 적습니까?" 다른 직원이 이어 물었다. "우리가 만든 상품들은 모두 어디로 가는 것입니까? 상품의 판로에 따라 수익이 어떻게 변합니까?" 이렇게 질문들이 이어졌다. "어떤 고객들을 위해서는 생산 라인을 급히 교체하는데 왜 다른 고객들을 위해서는 그렇게 하지 않습니까?", "고객들도 차별해야 합니까?" 이러한 질문의 배후에는 비즈니스가 어떻게 운영되는지에 대한 직원들의 호기심이 깔려 있었다. 따라서 관리자는 직원들에게 다음 사항을 질문하였다. 즉 고객별로 회사에 주는 수익은 어떻게 다를 것인지, 이들의 구매량은 어떻게 차이가 나고, 어떤 고객들이 회사가 좀 더 빨리 대응해 주기를 바라는지에 대해 물어보았다. 직원늘의 답변(이 해답은 비즈니스가 어떻게 운영되는지에 대한 이들의 생각을 보여줌)이 현실과 너무 차이가 났기 때문에 다음 시간에 열린 타운홀 미팅에서는 다음과 같은 세 가지 '데이터 이야기'에 초점을 맞추었다. 이 세 가지는 고객집단별 수익, 고객집단별 구매량, 맞춤 주문과 배송 속도에 대한 고객집단 선호도이다.

직원들은 경영진과 함께 이러한 정보를 토론하면서 이들 정보가 모두 한 덩어리(시스템 분석)에 속한다는 점을 깨닫자 비즈니스를 이해하는 방식이 바뀌게 되었다. 직원들은 회사의 비즈니스에 세 부류의 고객집단이 있음을 알았다. 즉 수익기여도는 20퍼센트 이하이면서 매출비율은 60퍼센트인 할인율 적용 도매집단, 수익기여도는 20퍼센트이면서 매출비율은 20퍼센트인 음식점 고객집단, 수익기여도는 50퍼센트 이상이면서 매출기여도는 20퍼센트인 맞춤식 주문의 호텔 고객집단 등으로 구성되어 있다는 점을 알았다. 직원들은 이 이슈를 가지고 서로 의미 있는 대화를 나누었다. 이들은 판매량과 수익의 중요성, 고객집단별 품질 기준과 상품 종류, 전반적인 사업 성과 등을 논의하여 새로운 그림을 그릴 수 있게 되었다.

그러고 나서 직원들이 '실행'의 단계에 진입하면서, 경영진들은 기대 밖의 경험을 하게 되었다. 앞서의 논의를 통해 비즈니스를 정확히 이해하게 된 직원들은 더욱 업무에 몰입하게 되었고 임파워먼트의 수준에 이르게 된 것이다. 직원들은 고수익을 주는 맞춤형 고객들을 위한 생산라인 교체를 극대화하기 위해 자신들이 어떻게 해야 하며, 수익이 적은 고객집단을 위한 운영비용을 줄이기 위해 어떻게 해야 하는지를 물었다. 그에 따라 기존에 관리자가 생산라인 교체 시간을 늘리고 낭비를 줄이려던 시도는 기대 이상의 효과를 얻게 되었다. 이 경험을 한 어느 경영자는 탐색적 학습과 전략적 대화의 결합은 몰입을 활성화시키는 원동력이요, 이러한 결합이 바로 훌륭한 의사소통의 비결이라고 하였다.

조직성과의 향상

탐색적 학습과 전략적 대화를 통한 직원 몰입이 어떻게 비즈니스 성과를 향상시킬 수 있는가? 그 원인은 바로 직원들이 타인의 생각을 수동적으로 받아들이기보다는 스스로 학습하여 자신의 지식으로 만들었기 때문이다. 직원들이 수동적 지식흡수보다는 능동적 참여를 통해 더욱 업무에 몰입하게 되었던 것이다. 호기심, 데이터 이야기, 시스템 분석, 집단토의 등을 통해 직원들이 스스로 비즈니스 관점을 획기적으로 변화시킬 수 있었을 뿐만 아니라 새 관점에 따라 행동하도록 동기부여가 되었던 것이다. 이러한 새로운 관점은 스스로 개발되고 현실을 바탕으로 하였기에 오랫동안 간직될 수 있다.

1. 직원들은 회사운영에서 어떤 퍼즐에 가장 큰 관심이 있는가? 당신은 그들에게 물어 보았는가?

2. 여러분이 직원들에게 설명하려 했으나 이들이 전혀 관심을 보이지 않던 비즈니스 분야는 무엇인가?

3. 직원들에게 일방적으로 강요함으로써 이들이 능동적으로 비즈니스 퍼즐을 맞추는 데 몰입을 방해하는 분야는 어디인가?

4. 여러분이 해결하려는 현재의 비즈니스 퍼즐들은 무엇인가? 고민하던 문제를 직원들에게 효과적으로 제시하여 이들이 스스로 그 문제를 연구하고 해결법을 찾도록 하려면 어떻게 해야 하는가?

5. '발견의 단계'(호기심, 데이터 이야기, 시스템 분석, 새로운 그림, 실습)들을 어떻게 활용해야 직원들을 비즈니스 전략의 실행에 더욱 잘 몰입시킬 수 있는가?

14 장

다섯째 비결:
전체 게임에 참여시키라

> 66 학습특성이 서로 다른 구성원들을 몰입시키기 위해서는 여러 가지 학습 방법을 고려해야 하고 양쪽 두뇌를 모두 활용하도록 하여 그들의 다양한 니즈를 만족시켜야 한다. 99

스포츠나 비즈니스에서 사람들은 정말로 '참여하기'를 원한다. 이들은 그저 앉아서 구경하기만을 원하는게 아니라 회사운영과 관련된 모험에 직접 참여하고 싶어한다. 1985년, 유명한 밴드 크리던스 클리어워터 리바이벌Creedence Clearwater Revival의 존 포거티John Fogerty는 '센터필드Centerfield'라는 야구 관련 노래를 녹음하였다. 이 노래가 클리블랜드 인디언스팀의 공식 주제가는 아니지만, 인디언스팀의 경기가 열리는 날이면 이 곡은 언제나 불려진다. 주요 가사는 이렇다. "나를 출전시켜 줘요. 감독님, 난 준비되어 있어요. … 난 벤치에서 기다리고 있어요. … 아직 아니라고 말하지 마세요. 지금이 바로 그때인 걸 알잖아요. … 나를 출전시켜 주세요. … 난 준비가 되었어요."

비즈니스에서도 마찬가지로 사람들은 직접 참여하여 승리를 위해 무언가를 할 수 있다는 점을 보여주고 싶어 한다. 하지만 경영자가 어떻게 게임을 이끌어야 회사의 모든 구성원들이 자신들의 관점을 공유하고 그 관점을 가치 있게 여기며 또한 그러한 관점으로 인해 위협받거나 비판받지 않도록 할 수 있을까? 리더인 여러분이 어떻게 해야 단지 정보전달 수준에서 멈추지 않고 사람들에게 영감을 불어넣을 수 있을까?

비즈니스가 가장 효과적이 되려면 모든 구성원들에게 비즈니스의 핵심 요소가 공유되고, 회사의 사정이 이해되어야 하며, 비즈니스의 성공조건이 명확하고, 누구나 정보수집 방식들을 이용할 수 있으며, 모든 구성원들이 비즈니스에 함께 참여해야 한다. 이것을 실현할 수 있는 가장 좋은 방법은 그림 형식으로 된 '학습안내 지도Learning Map ®' 라는 도구를 사용하는 것이다. 그림으로 보여지는 이 도구는 전체 그림뿐만 아니라 세세한 사항까지 보여주는 놀라운 기능이 있다. 이 도구를 사용함으로써 경영자들은 직원들을 보다 더 중요한 일들에 몰입시킬 수 있다. 그와 같은 일들은 직원 스스로 할 수 있는 그 이상의 것이다. 즉 경영자는 이 도구를 통하여 직원들을 비즈니스에 참여시킬 수 있다.

학습 방법을 안내 지도로 표시하라

사람들이 게임에 참여하려면 게임을 알아야 한다. 우리는 모두 두뇌를 가지고 있지만 사람들은 학습 방법이 서로 다르다. 오른쪽과 왼쪽 대뇌는 정보를 서로 다르게 해석한다. 어떤 사람들은 논리적이고 분석적이어서 세상을 분석하기를 좋아하는데, 이들은 '좌뇌'가 발달한 사람들이다. 또 어떤 사람들은 직관적이거나 주관적이고 사물의 전체를 먼저 보고 생각하는데, 이들은 '우뇌'가 발달한 사람들이다. 양쪽 두뇌가 모두 골고루 발달한 사람들도 있지만, 대부분 어느 한쪽이 더 발달되어 있다. 마찬가지로 어떤 학습자는 시각, 청각, 운동감각 등 세 가지 정보수집 방법 중 한 가지만 선호한다. 또한 세 가지 방법을 모두 선호하는 사람들도 있지만, 대부분 특정 방법을 선호한다.

여러 가지 학습 방법을 고려할 때, 직원들의 몰입이 왜 차이가 있는지를 알 수 있다. 따라서 서로 특성이 다른 직원들을 몰입시키기 위해서는 여러 가지 학습 방법을 고려해야 하고 양쪽 두뇌를 모두 활용하도록 하여 그들의 다양한 니즈를 만족시켜야 한다. 또한 학습 방법은 모든 직원들에게 적합해야 한다. 그 이유는 바로 비즈니스의 성공을 위해 모든 직원들이 필요하기 때문이다. 사람들이 어떻게 학습하는지를 생각하면 구성원들을 몰입시킬 수 있는 효과적인 방법을 만들 수 있다. 구성원들이 모두 '학습안내 지도'를 자신만을 위한 것이라고 믿으면 이것이 제대로 만들어졌다고 말할 수 있다.

학습안내 지도 경험

10장에서 언급했던 '학습안내 지도Learning Map®'는 바로 종합적 학습 경험의 핵심에 해당한다. '학습안내 지도'란 테이블만한 크기의 그림을 가지고 전체 회사운영 혹은 회사가 돌아가는 시스템을 그림으로 묘사하는 것이다. 시각적 은유 방식은 주관적(우뇌)이지만, 차트와 그래프로 표시된 데이터가 포함된 그림은 객관적 사실(좌뇌)을 보여준다. 이 그림은 두 가지 사고 방식을 가진 사람들에게 모두 적용되며 이들이 각각 회사운영 상황을 이해하도록 촉진한다. 소크라테스식 질문은 해답을 얻기에 필요한 대화를 이끌어 낼 수 있다. 이 질문 방식은 회사와 그 미래에 대한 비판적 사고를 유도하는 데 있는 것이지, 경영진들의 주장을 고양하는 데 있지 않다. 이러한 대화가 바로 몰입의 진정한 동력이 되는 것이다.

사람들은 '학습안내 지도'를 통해 자신들의 회사운영 이야기를 이해하고 스스로 결론을 얻으며 회사운영의 큰 그림을 보는 능력을 키울 수 있다. '지도'라고 표현되는 이러한 그림은 우리가 언급한 모든 요인들을 한꺼번에 그려 넣는데, 이 그림은 구성원을 토론에 몰입시키는 간단하고 실행 가능한 코스를 제공하여 조직의 모든 필요한 이슈들이 다루게 한다. 구체적인 사례를 살펴보자.

8~10명으로 구성된 어느 소집단 구성원들이 '학습안내 지도'에 둘러앉아 자신들이 무엇을 보았는지를 토론하고(시각 학습자를 위함), 전략 지향적 대화를 한다(청각 학습자를 위함). 안내지도에 그려진 전체

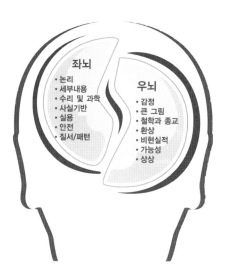

어떻게 학습하는가?

경영자들은 학습유형이 서로 다른 학습자들에게 고려해야 한다.

사업운영을 보기만 해도 사람들은 대부분 잘 이해할 수 있는데, 그 이유는 바로 그림의 내용이 평상시에 많이 들었던 것이지만, 이 그림에서처럼 구체적이고 완전한 내용을 접해보지 못했기 때문이다.

집단 활동 참여자들은 카드를 사용하여 데이터와 정보의 순서체계를 정하고 연결시키며 순서를 정한다(운동감각으로 학습하는 사람을 위함). 카드와 안내지도 차트에 담긴 정보 자체가 바로 비즈니스의 가장 중요한 전략적 이슈들을 나타낸다. 다른 안내지도와 마찬가지로, 사람들은 이 '학습안내 지도'를 통해 전체를 이해하고 흐름을 보며 자신들이 직면한 사업운영상의 장애물을 진정으로 파악할 수 있게 된다.

이 과정은 전체적인 경험을 얻게 하여 사람들이 모두 스스로 결론에 이르도록 만든다. 결론을 그들 스스로 내리기 때문에 그들은 스스로 실행할 준비가 매우 잘 되게 된다. 이들은 아래와 같은 질문, "여러분이 경험한 바에 의하면, 회사운영에 도움을 주기 위해서 여러분이 우선 할 수 있는 일은 무엇인가?"에 답함으로써 자신들이 준비되어 있음을 보여준다. 이러한 문제의 초점은 상부의 허락을 받을 필요 없이 직접 실행할 수 있게 하여 사람들이 자신들의 아이디어를 가능한 많이 실행하여 임파워먼트의 효과를 누리는 데 있다.

처음에는 코스가 명확하지 않았던 여행을 안내하는 지도처럼, '학습안내 지도'는 사람들을 도와 이들이 코스를 계획하고 목적지까지 도착하는 데 필요한 모든 단계를 깨닫도록 한다. 사람들은 스스로 게임에 참여할 수 있음을 깨달으면 지속적으로 영감을 얻게 된다.

음료수대 스케치를 통해서 우리가 경영자, 관리자, 직원들 간의 격차를 정서적이고 드라마틱하게 잘 그려낼 수 있고, 그에 따라 토론하기 까다로웠던 주제들을 원만하게 토의할 수 있도록 했다면, '학습 안내 지도'는 정서적 훈련 연습장을 마련하여 경영자, 관리자, 직원들이 서로간의 격차를 줄일 준비를 하도록 만든다.

학습안내 지도 모듈의 구성요소

'학습안내 지도' 모듈은 시각화, 데이터와 정보 카드, 소집단에서 동료 간의 대화, 그리고 촉진이라는 네 개의 요소로 구성되어 있다. '학습안내 지도' 작성 활동에 참여하는 것이 구체적으로 어떤 것인지를 알기 위해서는 다음의 두 페이지에 걸쳐 제시된 사진들을 보라.

'시각화'(그림 그 자체)는 보편적으로 사람들의 시선을 사로잡는다. 아이콘, 정보 그래픽, 은유법 등이 모두 결합하여 비즈니스 시스템을 이룬다. 그림은 시스템 관점을 갖게 하므로 모든 사람들에게 전체를 생각하게 만드는 효력이 있다. 따라서 그림은 '두뇌 훈련장brain gyms' 역할을 하여 사람들이 정보를 서로 비교하고 기존의 생각에 도전하여 비즈니스의 중요 내용을 함께 학습하게 한다.

두 번째 요소인 '데이터 및 정보 카드'를 통해 사람들은 정보를 계열별로 탐색하여 복잡한 이슈를 알기 쉬운 간단한 내용으로 분류할 수 있다. 이 과정을 통해 사람들은 모든 것을 한꺼번에 깨닫기보다는

데이터의
연결

촉진

소집단

대화와
질문

시각화

카드 연습

학습안내 지도 경험의 구성요소

차근차근 배워나간다. 따라서 사람들은 어떤 데이터의 변화가 전체
비즈니스 시스템에 어떤 영향을 주는지 알 수 있다.

그러나 '시각화' 와 '데이터 및 정보 카드' 만으로는 새로운 결론에
이를 수 없다. 새로운 결론을 얻으려면 '학습안내 지도' 의 세 번째
구성요소인 '동료 간 대화' 와 발견이 필요하다. 동료 간 대화란 비즈
니스와 운영에 대한 전략적 질문을 통해 그룹별로 비즈니스와 시스
템을 학습하는 것이다. 여기에서 전략적 질문이란 소크라테스식의
질문으로서 그룹 구성원들이 비즈니스를 시스템으로 보고, 지식과
경험을 서로 공유하며, 대화를 통해 깨달은 바를 확인하고 후원할 때
까지 함께 배워 나가는 것이다. 그룹의 구성원들은 자신들이 새롭게
깨달은 것을 활용하여 비즈니스를 위한 구체적인 행동계획을 정할

학습안내 지도 회의 활동

수 있다.

'학습안내 지도'의 네 번째 구성요소인 '촉진'은 그룹 구성원들이 비즈니스에 대해 새로운 것을 깨닫고 조직 전략을 자신들과 연관되게 재해석하게 만든다. 촉진자는 자신의 생각과 의견이 전혀 개입되지 않게 대화를 이끌어나간다. 촉진자들은 단순한 지식의 전수보다는 학습자 스스로의 독자적인 탐구와 발견이 이루어지도록 이끈다. 촉진자가 '교사' 역할을 한다면 독자적 탐구는 불가능하여 진정한 학습에 장애가 될 수 있다.

이제 '학습안내 지도' 모듈의 네 가지 구성요소를 활용하여 학습을 추진한 사례를 보자.

펩시 콜라의 전략적 변화

얼마 전 펩시 콜라는 전략적 변화를 통해 '종합 음료회사'로 탈바꿈하였다. 이는 거대한 변화로써 탄산음료만 취급하던 오랜 전통을 깨는 순간이었다. 이 변화로 인해 회사운영과 관련된 모든 사람들의 역할과 책임이 영향을 받게 되었다.

펩시의 경영진은 새로운 전략을 직원들에게 전하려고 여러 번 시도하였지만, 직원들의 거센 반발로 실패하고 말았다. 새로운 전략에 대한 직원들의 반응은 이러했다. "우리는 신제품이 필요하지 않습니다. 단지 광고를 좀 더 많이 해야 합니다.", "우리의 운송트럭에는 단지 네 개의 블록만 있어서 그곳에는 펩시, 다이어트 펩시, 마운틴 듀, 다이어트 마운틴 듀 등으로 이미 꽉 차 있어요." 스내플 주스와 같은 신상품은 일시적인 유행상품으로 인식되었고 그 포장은 깨어지기 쉽고 부피가 매우 컸다. 직원들은 이 상품에서 수익을 내기 위해서는 얼마나 생산해야 할지도 몰랐다. 종합 음료제조 회사로 변신하려는 새 전략은 실행의 난관에 부딪쳤다. 급변하는 비즈니스 기동력과 종합 음료 회사로의 변화가 필요함을 직원들에게 이해시키기 위하여, 펩시는 세 개의 '학습안내 지도' 모듈로 구성된 세트를 만들었다.

이 모듈은 모든 구성원들의 태도를 무관심, 냉담, 변화에 대한 거부 등에서 벗어나게 하는 것이 그 목적이었다. '음료수 거리에서 일어난 혁명Revolution on Beverage Street'이라고 불리는 첫 번째 모듈은 구성원들을 비즈니스의 '거리'에서 벌어지고 있는 드라마에 몰입시키는 것이 그 목표였다. 이 드라마는 다음과 같은 요소로 만들어졌다.

1. 탄산음료 생산량의 감소
2. 다양한 종류의 포장과 음료수 출현
3. 노령 인구의 탄산음료 소비 감소 추세
4. 건강, 편리, 다양함, 가치 등에 대한 수요 급증
5. 개인 브랜드의 경쟁력 확대와 개선
6. 탄산음료 가격의 하락 및 가격과 전반적인 인플레이션 격차 증대
7. 단일 가격방식으로부터 세 가지 구매 방식의 등장
8. 이러한 요인들의 영향으로 인한 음료업계에서의 강력한 위협과 기회 발생

결론적으로 소비자 행동은 지속적으로 변하기 때문에 회사는 그에 따라 대응책을 변화시켜야 했다. '학습안내 지도'(이 책의 중간부분에 있음)는 이러한 다이내믹한 변화를 그래픽으로 보여 준다. 펩시가 어떻게 3만 4천여 명의 현장직원들을 비즈니스 전략에 몰입시켰는지에 대한 이야기는 펩시의 총지배인 수 쏘크리스Sue Tsokris가 잘 말해 준다. 수는 당시 직원들을 조직변화에 몰입시키는 데 직접 관여하였다. 수의 말을 들어보자. "직원들은 변화에 저항하면서 이렇게 말했지요. '우리가 정말 모두 이렇게 해야 합니까?' 학습안내 지도의 장점은 바로 모든 직원들이 직위고하를 막론하고 비즈니스에 관해 토론할 수 있는 장을 마련하는 것입니다. 직원들의 관점은 평등하게 취급되었

전체 인구변화 패턴과 탄산음료 소비 패턴에서 일어난 변화를 생각해 보라. 펩시에 의미하는 바가 무엇인가? 이런 중요한 변화에 어떻게 대응해야 하는가?

탄산음료 광고판들을 보면 전체 음료산업이 성장세를 할 수 있다. 이 도로에서 볼 수 있듯이 성장률이 떨어지고 있다. 원인이 무엇인가? 이런 경향이 펩시에 얼마나 중요한가?

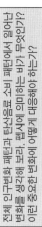

음료수 시장이 넓었음을 나타내는 거리에서 일하는 우리가 볼 때 가격이 핵심 이슈라는 점을 안다. 펩시 가격의 변화와 물가상승률을 생각해 보라. 펩시의 가격이 왜 물가상승률에 뒤처지고 있는지를 생각해 보라. 여러분은 향후 수년간 펩시의 가격을 올리는 것이 가능하다고 보는가? 왜 그렇게 생각하는가? 아니라고 생각하면 왜 그렇지 않다고 보는가? 우리가 가격을 인상하면 어떻게 경쟁에 대응할 수 있을 것인가?

음료수병에 표시된 판매성장률을 보라. 어느 부분이 가장 놀라운가? 왜 그러한가? 새로운 음료시장에서 이러한 동박 상황 발생 이유는 무엇 때문인가? 그것이 펩시에 위협이 되는가 아니면 기회가 되는가?

펩시 콜라와 관련된 시장의 큰 그림

으며 이들은 자신들의 의견이 존중받는다고 느꼈습니다. 이들은 또한 의견을 제시하는 데 위협받지 않았고 비판받지 않았기에 거리낌 없이 자유로운 의견을 제시할 수 있었습니다."

수는 계속해서, "학습안내 지도 활동을 통해 역동적인 토론이 진행되는 모습을 지켜보는 것은 매우 흥미로운 일이었어요. 긴장되고 조심스럽던 것이 몰입으로 변하고 개방된 모습을 보였지요. 이런 대화를 통해 구성원들은 조직이 자신들을 중요하게 여긴다는 점을 느꼈고 서로에게 배울 수 있다는 점도 깨달았습니다. 구성원들은 또한 모든 사람들에게는 풀고 싶어 하는 문제들이 있다는 점을 알게 되었지요. 학습이란 일방적으로 앉아서 듣기만 하는 지겨운 것이라는 보편적 관점도 이 활동을 통해 크게 도전을 받게 되었습니다. 학습안내 지도 활동을 통해 깨달은 것은 바로 대부분 필요한 노하우는 직원들의 머리와 경험 속에 녹아들어 있다는 것이었습니다."라고 전했다.

그녀는 계속해서, "가장 기쁜 일은 직원들이 조직 전략에 완전히 몰입되고 즐겁게 학습할 뿐만 아니라, 소중하게 대우받고 있다는 것을 느낀 것이지요. 조직이 자신들을 중요하게 생각한다는 것을 깨달은 것입니다. 이들은 조직의 미래를 위해 무엇을 바꾸어야 하는지를 자연스럽게 말하기 시작했습니다. 이들은 이러한 변화를 위해 신속하게 움직여야 한다고 입을 모았지요. 토론이 활발하고 열정적으로 진행되었으며 모든 직원들은 조직의 변화에 동참하기를 원하게 되었습니다. 이들은 자신들이 해야 할 일이 있다는 점을 느꼈던 겁니다. 이들의 열정과 흥분은 무서울 정도였어요."라고 말했다.

"변화는 '내부에서 외부'의 순서로 진행되어야 합니다. 이것은 오 븐보다는 전자레인지와 흡사하여 머리와 가슴으로부터 나와야 하는 것이지요. 변화가 일어나려면 우선 직원들이 변화에 대해 생각해야 하고 변화에 대해 어떻게 느끼는지를 그들 스스로 알아야 하며 변화 를 위해 무엇을 할 것인지를 생각해야 합니다. 학습안내 지도가 바로 이러한 역할을 합니다."라고 쏘크리스는 강조했다.

수 쏘크리스에 의하면, '학습안내 지도'를 통해 직원들은 회사운 영에 대해 더 많이 이해하게 되었고 기존의 회사운영 관점을 변화시 키는데 더욱더 흥미를 느끼며 자신감을 갖게 되었다. 직원들은 조직 전략을 긴급하고 중요한 사항으로 수용했으며 필요한 성과를 달성하 는 데 더욱 동기부여가 되었다.

할리 데이비슨의 기업 경제학

모든 직원들은 회사가 어떻게 운영되는지를 잘 알 필요가 있다. 즉 돈이 어디에서 나오고 어디로 가며, 회사를 운영하는 데 얼마의 돈이 필요한지에 대해 말이다. 조직은 대부분 구성원의 도움이 필요한데, 이는 어떻게 해야 더 많은 수익을 내고 비용을 줄일 수 있는지를 구 성원들이 더 잘 알기 때문이다. 할리 데이비슨Harley-Davidson이 바로 그러한 회사다.

할리 데이비슨의 전 사장이었던 리치 티어링크Rich Teerlink는 자신의 저서《오토바이 한 대 그 이상More Than a Motorcycle》에서 '학습안내 지도' 모듈이 전체 비즈니스를 변화시킨 역할을 설명하였다. 회사운영 방식을 변화시키기 위하여 이 회사는 안내지도를 만들어 자금 순환을 포함한 여러 가지 주제를 다루었다. 이 회사는 다음 페이지에서 볼 수 있는 그림을 만들어 회사가 어떻게 돈을 벌고 지출하는지를 보여주고 자금 순환에 영향을 주는 핵심 요인들도 보여 주었다. 이 개념은 모든 구성원들이 이해해야 할 중요한 개념이었는데, 이 그림을 통해 이들은 자신들의 역할이 회사의 재무성과에 영향을 준다는 점에 대해 자랑스럽게 여길 수 있었다.

그 당시 할리는 많은 변화를 겪고 있었다. 구성원들이 기업 경제학을 전반적으로 이해하는 것이 조직의 성공에 매우 중요하였다. 이 회사의 수익구조는 오토바이, 부품과 액세서리, 일반 상품 등에 의존하였다. 조직의 구성원들은 벌어들인 수익이 어떻게 사용되는지 몰랐고 수익흐름의 지속적 파악이 중요하다는 점도 잘 깨닫지 못했다. 이밖에도 구성원들은 자금이 많이 소요되고 조직의 전반적인 성과에 영향을 주는 재공품, 완제품의 종류 등 조직의 핵심 요소를 잘 몰랐다.

최고 재무책임자였던 티어링크는 모든 구성원들이 기업 경제학을 더 잘 이해하고 자신들의 역할이 회사의 경제성과에 어떤 영향을 미치는지 알기를 원했다. 아울러 일반적으로 눈에 잘 띄지 않는 재공품과 완제품 외에도, 전반적인 경영 시스템을 구성원들이 이해하기를 원했다. 그러한 항목들에는 아래 요인들이 포함되어 있었다.

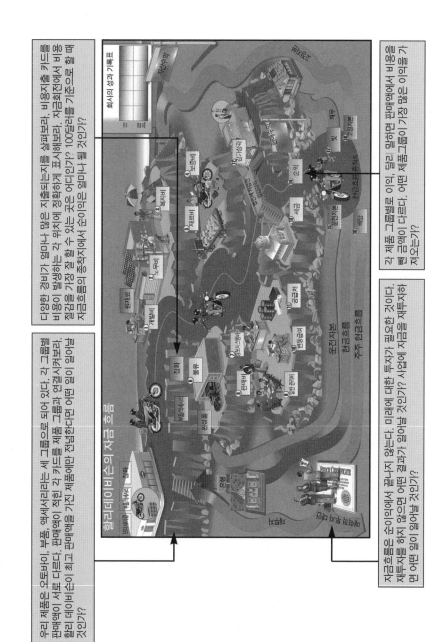

할리 데이비슨의 재무 흐름

1. 수익의 원천 : 오토바이, 부품 및 액세서리, 일반 상품
2. 이자와 세전 수익, 이를테면 상품개발, 노동, 원자재, 광고, 배달 등
3. 재공품과 완제품에 포함되어 있는 비즈니스에 필요한 운전자본
4. 회사운영의 핵심요소인 채무지불요건
5. 회사자산의 갱신과 개선에 필요한 고정투하 자산
6. 회사운영에서 지속적으로 채무 이행에 필요한 현금흐름
7. 주주들의 투자를 유지하기 위해 필요한 주주 투자수익
8. 벤치마킹 회사와 대비한 할리의 자산수익율과 판매수익률

이러한 활동결과 할리 데이비슨의 모든 구성원들은 기업 경제학에 대해 공동의 태도를 갖게 되었다. 이 태도는 그저 돈이 어디에서 오고 어디로 가는지를 이해하는 수준 이상이었다. 모든 구성원들이 전반적인 경제성과에 더욱 크게 이바지하기 위해 각자의 행동을 점검할 수 있었던 것이다.

햄튼 호텔의 첫 변화 시도

얼마 전 햄튼 호텔 Hampton Hotels 은 도전에 직면하였다. 이 도전은 바로 1천3백여 개의 호텔 프렌차이즈 오너들과 총지배인들을 설득하여 회사 시설의 현대화를 위해 투자를 이끌어내는 것이었다. 목적은

바로 브랜드의 신선도와 생명력을 유지하기 위한 것이었다. 이 작업의 책임자이자 브랜드 프로그램 개발 및 통합 책임자인 기나 발렌티 Gina Valenti는 이렇게 말했다. "우리 가맹주와 지배인들이 투자에 동의할 뿐만 아니라 투자에 열정을 가져야 합니다. 그러려면 3천여 명의 사람들을 한 곳에 불러 놓고 무엇을 해야 하고 왜 해야 하는지 설명하는 것만으로는 부족하지요. 진정한 효과를 누리기 위해 우리는 '학습안내 지도' 모듈을 사용하기로 결정했습니다."

햄튼 팀은 '햄튼 만들기의 첫 출발'을 만들어 프랜차이즈 오너들에게 왜 이런 시도를 하는 것인지, 왜 필요한 것인지, 어떻게 할 것인지를 보여 주었다. 발렌티는 계속하여 말을 이었다. "이러한 절차를 통해 변화에 따른 이익을 보여주었고 투자자들이 자신들에게 어떤 이익을 가져다주는지를 스스로 판단하게 하였지요. 회의 마지막 부분에서 사람들은 에너지가 넘쳤고 언제 새 단장을 하는지 물었지요. 결국에는 한 명을 제외한 모든 프랜차이즈 오너들이 투자에 동의하였습니다. 이건 놀라운 일이었습니다." 이 시도를 통해 1년 만에 나머지 127개 호텔에서 변화를 가져오는 등 큰 성공을 거두었다.

햄튼의 경영진은 직원 몰입이 정말로 중요하다는 것을 깨달았다. 이러한 시도를 추진한 후, 이들은 갤럽에서 사용하는 Q12 설문(직원의 몰입도를 측정하는 설문)을 사용하여 호텔 직원의 몰입도에서 어떤 변화가 있는지를 측정하였다. 서로 다른 100개 호텔을 무작위 선정하여 조사한 결과, 70개 호텔에서 몰입도가 '좋다'라고 나타났다. 햄튼 경영진들이 이 70개 호텔의 몰입 수준을 측정한 결과, 최고 몰

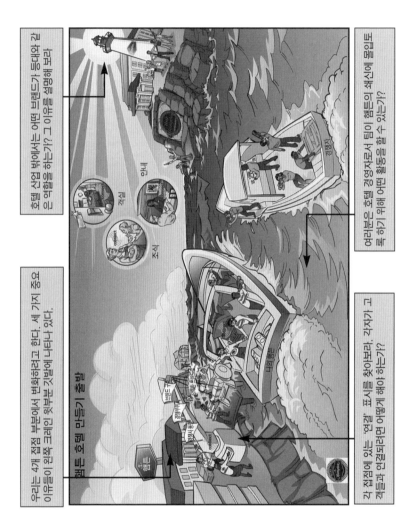

호텔 산업 밖에서는 어떤 브랜드가 등대와 같은 역할을 하는가? 그 이유를 설명해 보라

우리는 4개 접점 부분에서 변화하려고 한다. 세 가지 중요 이유들이 왼쪽 크레인 옷부분 깃발에 나타나 있다.

햄튼 호텔 만들기 출발

여러분은 호텔 경영자로서 팀이 햄튼이 세상에 모일때 목 하기 위해 어떤 활동들을 할 수 있는가?

각 접점에 있는 '연결' 표시를 찾아보라. 각자가 고객들과 연결되려면 어떻게 해야 하는가?

햄튼 호텔의 이니셔티브 런칭

입 수준의 30개 호텔과 최저 몰입 수준의 30개 호텔은 객실당 수익률이 14퍼센트나 차이를 보였다. 그리고 처음 100개의 호텔 중 응답하지 않았던 30개 호텔과 비교해본 결과 객실당 수익률이 20퍼센트나 차이가 생겼다.

홍콩의 목표

몇 년 전, 홍콩은 '아시아의 세계적 도시'로 탈바꿈하겠다는 비즈니스 목표를 세웠다. 정부 관계자들은 공공 서비스 부문의 '과감하고 창의적인' 개혁 추진을 공무원들에게 지시하는 한편 예산을 빈틈없이 관리하였다. 정부 관계자들은 이 목표를 시도하는 중 많은 내외부의 장벽에 부딪쳤다. 다음과 같은 장애물들이 나타났다.

1. 새로운 정부정책을 따르려면 어떤 서비스를 폐기하고 어떤 서비스를 강화할 것인지의 명확화
2. 글로벌화와 함께 싱가포르, 타이페이, 상하이, 시드니 등과 같은 아시아권 경제지역 등장에 따른 경쟁 심화
3. 추진기구의 활동에 전반적으로 부정적 영향을 미치는 경기침체
4. 홍콩 시민과 공무원에게 필요한 양질의 서비스 제공 욕구
5. 고속 기술성장 및 이에 대응하기 위한 끊임없는 기술혁신 필요성

6. 공공 서비스 기관 구성원의 역량 부족 및 이들을 위한 지속적 훈련 필요성

7. 민간기업과의 더욱 긴밀한 협력 필요성

8. 부서간의 벽을 허물고 한 팀처럼 일하기 위한 마음자세의 변화 필요성

홍콩을 '아시아의 세계적 도시' 및 아시아 비즈니스의 거점으로 만드는 데 필요한 도전, 기회, 변화를 위한 의사소통을 위해 이 지휘부는 '목표: 아시아의 세계 도시'라고 부르는 학습안내 지도를 만들었다.(다음 페이지 그림)

4일간에 걸쳐 1만4천여 명의 정부기관 직원들이 홍콩의 경쟁력(기타 아시아 및 세계 도시와 비교), 공공 서비스에 대한 정부의 헌신적 노력, 홍콩의 전통가치 유지에 관한 바람 등을 논의하였다. 공무원들은 세계적인 도시의 특징, 경쟁자와의 파트너십, 과거의 세계, '변화의 폭풍' 등에 대해 열띤 토론을 벌였다. 이들이 토의한 내용은 다음과 같았다.

- 지난 20년간 홍콩에는 어떤 변화가 일어났는가?
- 글로벌화는 홍콩에 어떤 영향을 주었는가?
- '변화의 폭풍'에 긍정적으로 대응하기 위해 무엇을 하였는가?
- 고객 유치에서 홍콩을 세계의 기타 도시와 비교할 때, 유리한 점과 불리한 점이 무엇인가?
- 세계적 도시의 주요 특징들을 고려할 때, 홍콩은 어떤 특징을 보

홍콩 브랜드의 정의

유하고 있으며 어떤 특징을 앞으로 개발해야 하는가?

회의가 끝난 후 '학습안내 지도' 모듈의 참여자들을 대상으로 한 설문조사에 의하면, 참여자의 80퍼센트 이상이 미래의 도전과 변화의 필요성을 더욱 잘 이해하게 되었고 홍콩을 '아시아의 세계적 도시'로 만드는 데 필요한 변화를 긍정적으로 보았다. 오늘날 홍콩은 세계에서 가장 매혹적인 비즈니스 지역 중의 하나가 되고 있다.

학습안내 지도 모듈의 파워

'학습안내 지도' 모듈은 사용하기 편리한 도구로서, 모든 사람들이 비즈니스 게임을 이해하고 참여하는 데 있어서 공통의 언어로 쓸 수 있다. 지도는 학습과 및 정보를 처리하는 효과적인 방법으로 활용될 수 있다. '학습안내 지도'는 모호하고 불명확한 내용에 대해 안전하게 탐구하고 배워가는 환경을 마련해 준다. 모든 훌륭한 지도가 그런 것처럼 '학습안내 지도'는 모든 분야, 모든 계층의 사람들이 공통의 목표를 깨닫고 조직의 전략적 목표를 실현하기 위해 어떻게 해야 하는지를 이해하게 도와준다.

1. 여러분의 인생에서 중요한 길잡이가 된 지도는 무엇이었는가? 이 지도는 어떻게 도움이 되었는가? 이 지도가 없었다면 어떠했겠는가? 이 지도를 사용함으로써 자신의 여정을 얼마나 많이 기억할 수 있었는가?

2. 다른 사람들과 함께 지도를 사용한 적이 있는가? 여러분의 대화는 어떠하였는가? 혼자서 발견할 수 없는 것들을 여러 사람을 통해 발견한 것은 무엇인가? 코스가 정해지면, 서로의 공감대 수준은 어떠하였는가?

3. 사업 전략이나 시스템에서 어떤 부분이 구성원들과 공유나 실행이 어려운가? '학습안내 지도' 모듈의 개념이 이러한 문제를 해결하는데 도움이 될 수 있는가? 만약 그렇다면, 어떻게 도움이 될 수 있는가?

4. 예술가나 화려한 그래프의 도움이 없이 봉선화(棒線畵, 머리 부분은 원, 사지와 체구는 직선으로 나타낸 인체 혹은 동물 그림), 비판적인 질문 및 몇 개의 중요한 차트를 사용하여 자신만의 '학습안내 지도'를 만든다고 생각해보라. 이러한 것들을 책상에 배열하고 그룹 토의를 하는 것이 비즈니스 전략의 실행에 어떻게 도움이 되는가?

5. 쉽고 간단한 결론 설명 방법 대신 번거로운 '학습안내 지도'를 사용하는 이유는 무엇인가? 어떤 경우에 결론을 설명하는 방법을 사용하고, 어떤 경우에 '학습안내 지도'를 사용하는가? 그 효과는 어떠한가?

15 장

여섯째 비결:
실행 전의 연습

> 66 실패가 없으면 성공이란 있을 수 없다. 사람
> 들은 실패를 연습할 수 있는 안전한 '장소'가 필
> 요하다. 실패는 연습을 통해 점차 성공으로 바뀌
> 어 가게 되는 것이다. 99

 대부분의 회사운영은 기업의 생존에 대한 이야기, 혁신적 변화, 겪어본 적이 없는 유일무이한 기회 등으로 가득 차 있다. 하지만 모든 이야기에는 승리지점까지 가는 데 있어 공통되고 일관된 장애물들이 있다. 그 장애란 사람들을 설득시켜서 낯설거나 불편한 일을 어떻게 하게 하는가에 대한 것이다. 사람들을 어떻게 설득해야 그들이 하기 싫어하는 일을 자발적으로 몰입하게 할 수 있을까? 여러분은 사람들을 어떻게 회사의 일에 몰입시키는가? 내가 깨달은 바에 의하면, 대부분 모험이 수반되는 일에 사람들을 몰입하기 위해서는 그전에 먼저 안전한 환경에서 연습해 볼 수 있기를 바라는 것 같다.

 처음 시도하는 일들에서 연습과 실패의 역할을 생각해 보자. 성공을 하기 위해서는 빈번하게 발생하는 작은 실패들이 필요한 법이다.

계속되는 사소한 실수들을 통하여 사람들은 자신들의 행동을 조금씩 고쳐나가 마침내 성공에 이르게 된다. 실패가 없으면 성공이란 있을 수 없다. 사람들은 실패를 연습할 수 있는 안전한 '장소'가 필요하다. 실패는 연습을 통해 점차 성공으로 바뀌어 가게 되는 것이다. 만일 연습이 성과를 높이는 최선의 방법이라는 것이 확실하다면, 비즈니스(특히, 전략을 배치할 때)에는 연습이 부족하다는 사실 역시 확실하다. 비즈니스에서 꼭 한 번의 기회만 있고 연습할 기회는 없다면 어떻게 실천해야 할까?

실행 전에 충분한 실습을 해야 한다

시뮬레이션이란 실행 전에 실습해보는 것이다. 시뮬레이션이 '살아있는' 인간 집단과 관계된 물리적인 것이든, 컴퓨터에 기반한 것이든, 단일한 것이든, 시뮬레이션은 실제 상황을 재현하는 것이 그 목적이다. 시뮬레이션은 시스템 전체를 보는 일종의 방법으로서, 사람들로 하여금 원인과 결과의 복잡한 관계를 이해하게 하는 것이다. 사람들은 시뮬레이션에서 변수나 행동을 조작해 봄으로써 자신들의 의사결정이 결과에 미치는 영향을 쉽게 파악할 수 있다.

비행 시뮬레이션 사례를 보자. 조종사는 비행 시뮬레이션을 통해 충분한 연습을 거쳐야만 비행기 조종석에 앉을 수 있다. 이는 조종사의 기술이 수많은 사람들의 생명과 직결되기 때문이다. '브로드웨이

Broadway' 공연 배우들은 몇 달간 리허설을 반복하고 공연 당일은 물론 공연시즌에도 계속 연습한다. 따라서 실패와 '실패의 용인' 관행을 수반하는 리허설과 연습은 성과 달성에 이르기 위한 한 부분이다.

사업운영에서도 때로는 실행 전에 리허설을 하는 경우도 있다. 가령 신입 직원은 오리엔테이션을 받으며, 세일즈맨은 새로운 스킬을 배워 성과를 높이기도 한다. 신규 ERP 시스템이 설치되면, 전 조직이 실습 시간을 갖기도 한다. 하지만 직원들을 전략에 몰입시키는 데에 있어서는 실습을 거의 시도하지 않는다.

전략은 모두 변화에 관한 것인데, 변화에는 대체로 위험이나 모험이 필요한 법이다. 신규 전략의 도입이나 기존 전략의 개선은 의사소통만으로는 부족한 것이다. 그 이유는 사람들의 역할, 책임, 스킬, 행동 등 모든 요인이 함께 변해야 하기 때문이다. 안전하게 연습할 수 있는 방법이 없다면, 사람들은 대부분 위험을 감수하고 변화에 뛰어들으려 하지 않을 것이다. 이를 해결하려면 바로 실행 전에 충분히 실습할 수 있는 안전지대를 제공해야 한다. 시뮬레이션을 통한 학습 방식이 가진 최대 장점은 구성원들이 고객대응, 업무처리 등과 같이 실제 상황에서 발생할 수 있는 실패로부터 벗어날 수 있다는 점이다. 이와 상반된 경우는 바로 '무대 위에서의 실패'다. 이것은 많은 대가를 지불하는 것으로, 당혹스러우며 해롭고 심지어 회사에 치명적 손해를 안길 수도 있다.

실행 전의 실습은 소속감을 낳는다

실행 전에 안전하게 실습할 수 있다면 사람들이 몰입이 가능해 질 수 있고 소속감을 키울 수 있다. 3장에서 언급했던 것처럼 소속감은 몰입의 근원이고 뿌리이다. 사람들에게 새로운 변화의 시도는 소속감과 적응력을 위태롭게 할 수 있다. 이러한 두려움으로 때문에 이들은 이렇게 생각할 수 있다. "난 변화를 이루어낼 수 없을 거야.", "내가 변화를 이루어낼 수 없다는 것을 다른 사람이 눈치 챌 수도 있을 거야. 그러면, 나는 회사의 미래에 도움이 되는 존재라고 할 수 없지." 연습이나 실습을 하면 비판적 사고방식을 넓히고, 자신에 대한 신뢰와 경영진에 대한 신뢰를 키움으로써 자신이 쓸모없는 존재일 수 있다는 두려움에서 벗어날 수 있게 된다. 아울러 부하와 상사 간의 '피드백의 실습'을 통해 서로가 기대하는 것들을 구축할 수 있게 된다.

"실습은 비판적 사고방식을 키워준다." 실습과 시뮬레이션이라는 수단들은 사람들로 하여금 실제를 터득하게 할 뿐 아니라 비판적 사고방식을 키워줄 수 있다. 실습과 시뮬레이션은 실수를 허용하는 기본틀framework이 될 수 있으며, 이 기본틀은 실수가 사람들의 판단 능력을 키우는 중요한 과정이 되도록 평가해 줄 수 있다. 이 틀은 이미 내린 의사결정이 긍정적인지 부정적인지를 안심하고 계속 분석할 수 있도록 해준다. 구성원들은 무엇이 가능하고 무엇이 가능하지 않은

지를 스스로 판단해 봄으로써 의사결정을 개선하도록 끊임없이 노력할 수 있게 되는 것이다. 연습이나 실습을 통해 판단과 의사결정의 능력을 키우게 함으로써 구성원들은 실패의 두려움에서 벗어날 수 있다.

"실습은 신뢰를 쌓을 수 있다." 신뢰는 자신감이 먼저 형성되면서 만들어진다. 구성원이 "나는 할 수 있어!"라고 생각하고, 또한 상사와 동료들 역시 그가 정말로 할 수 있다고 믿고 격려해 줄 때 자신감이 생길 수 있다. 낯선 일들을 실습해 볼 때 사람들은 어느 길로 가야하는지를 알 수 있고 훌륭한 피드백을 얻을 수 있으며 실수로부터 배울 수 있고 또다시 연습을 반복할 수 있다. 연습은 자신감을 키울 뿐만 아니라 관리자와 직원들 간의 신뢰도 쌓을 수 있다.

"실습은 '피드백'을 다시 정의하게 해준다." 모든 사람이 피드백을 긍정적으로 받아들이는 건 아니다. 사람들이 새로운 업무, 새로운 역할을 시작할 때, 제일 싫어하는 것이 실패일 것이다. 사람들은 피드백을 "내가 무언가 잘못 했구나."의 의미로 받아들일지도 모른다. 하지만 '피드백 실습'은 이러한 사고방식을 바꿀 수 있다. 실습하는 과정에서 구성원은 실패해 보고, 코멘트와 조언을 받고, 아무런 거리낌 없이 다시 시도해 볼 수 있다. 시도, 재시도, 지속적 개선 등의 리듬은 '실패의 피드백'을 갈망할 수 있는데, '실패의 피드백'은 단계적으로 성과를 끌어올리는 역할을 한다.

비판적 사고, 자신감, 경영진에 대한 신뢰, 지속적인 피드백 실습 등을 통해 구성원들은 조직의 변화를 위해 기꺼이 위험을 감수하고 모험을 감당할 수 있다. 실수에 대해 감시받고 변화에 대한 확신이 없으며 건설적인 피드백을 부정적으로 받아들인다면, 구성원들은 조직에 소속감을 느끼지 못하고 석응하지 못하는 느낌을 받을 것이다. 그리고 자신이 없다는 생각이 생겨날 것이다. "난 할 수 없어, 난 이곳이 적합하지 않을지도 몰라." 이러한 생각은 구성원들을 조직과 이탈시켜 몰입을 방해하여 구성원들의 잠재력을 말살할 수 있다.

감동적인 시뮬레이션 체험

우리는 실패가 능력을 개발하고 강화하는 진정한 촉매라는 점을 배웠다. 하지만 실패는 시뮬레이션 도구, 코치, 관리자 등 파트너와 함께 할 경우 더 큰 효력을 일으킬 수 있다. 블록버스터Blockbuster Inc.사는 수년간 전자화된 시뮬레이션 모듈을 사용하여 '실행 전 실습' 과정을 진행하였다. HR부문 훈련책임자인 제임스 웹James Webb은 이렇게 말하였다. "복잡한 전략 전개나 간단한 스킬 전수를 막론하고, 우리는 충분히 연습할 수 있는 기회를 줍니다. 대부분 연습은 시뮬레이션의 형식으로 진행되는데 점포 관리자가 코치 역할을 하지요."

블록버스터사는 변화 가속화를 위해서는 구성원들이 안전한 환경을 느끼도록 해야 한다고 믿었다. 웹은 "우리의 훈련 모델은 부담감을 주지 않는 실패 경험을 통해 전략을 학습하고 실행하도록 되어 있습니다."라고 전하고 있다. 블록버스터사의 시뮬레이션 체험은 다음 4단계로 되어 있다.

1. 준비단계   코치가 구성원과 신뢰 관계를 형성하면서 훈련내용을 소개한다. 실수가 '용인' 될 수 있을 뿐만 아니라 '장려' 되기까지 한다. 블록버스터사 경영진들은 실패에 대한 독특한 견해를 가지고 있다. 지식을 학습했는지 검사하는 대신, 이들은 연습과 실패를 성과 향상으로 가는 한 단계, 한 단계의 디딤돌로 여긴다. 이들은 항상 '베타 모드beta mode(정식 제품 출시 전 시험용 제품)'의 사고방식을 가지고 있는 것이다.

2. 보여주고 알려주기   모든 구성원들에게는 e러닝 학습이나 시뮬레이션 학습을 통해 최상의 실행 방법을 연습할 수 있는 기회가 부여된다. 이들은 실습에서 선택이 중요하다는 점을 이해하고 그 선택에 의해 발생하는 결과를 점검하는 것이 중요하다는 점을 깨닫는다. 만약 선택의 결과가 만족스럽지 못하면, 이들은 다른 방법을 선택한다. 학습자는 다음과 같은 질문을 하게 되어 있다. "왜 우리는 이 방법으로 하지 않는 거지?" 이런 질문을 통하여 구성원들은 사물에 대한 호기심을 갖고 때로는 업무 개선방법을 발견할 수도 있다. 비판적 사고와 도전정신은 격려되고 지지될 뿐만 아니라 기대되기도 하고 요구되기도 한다.

이 단계에서는 시뮬레이션과 실생활 코칭이 결합된다. 코치는 실제상황에서 고객과 어떻게 상대하는지 시범을 보여주고 구성원들은 이것을 관찰한다. 학습자가 전자 시뮬레이션 스크린에서 본 장면이 실제 일어나는 것이다. 그리고 나서 코치와 구성원들은 관찰했던 장면이 어떻게 실습에서 배운 것과 연관되는지 토론한다.

3. **실습 활동에 대한 코칭 단계**　이 단계에서 구성원들은 코치가 지켜보는 앞에서 실제 고객을 대하는 실습을 한다. 구성원들은 자신들이 어떻게 결정을 하고, 그 결과가 어떻게 나타나는지를 이해하게 되며 코치로부터 즉시 피드백을 받는다. 이 과정은 구성원들이 안전감을 느끼고 자신감이 생길 때까지 계속되며, 구성원 혼자 원활한 업무 처리가 가능하다고 코치가 판단할 때까지 계속된다.

4. **수행 활동에 대한 코칭 단계**　이 마지막 단계에서는 '실전에 투입된' 구성원을 코치하기 위해 심사, 관찰, 평가 등의 방법이 활용된다. 코치는 구성원을 관찰하고 피드백을 제공하는 등 후원역할을 계속 한다.

이 4단계를 모두 체험한 구성원들은 지식의 내용에 대한 평가를 받는다. 코치들은 원하는 결과를 얻을 수 있게 했던 선택 행동이 무엇인지를 논의하며 개선이 필요한 선택 행동이 무엇인지를 토론한다. 웹은 이렇게 말했다. "정답뿐만 아니라 오답도 함께 언급한다면, 학습의 기회는 훨씬 많아집니다. 시뮬레이션 활동의 가장 중요한 사실은 바로 실수를 해도 괜찮다는 것입니다. 사람들은 실수한 만큼 많이 배우게 되지요(너무 많은 실수는 예외겠지만). 실수를 허용하지 않거나 격려하지 않는 것은 학습활동을 막는 것과 마찬가지입니다. 더욱 중요한 것은 실수를 수용하지 않으면 구성원들의 몰입 정신을 훼손하게 된다는 것이지요.”

이 훈련과정은 매우 효과적이다. 왜냐하면 전자 시뮬레이션과 실제 상황, 그리고 고객을 상대로 한 연습, 코치의 안전한 지도 활동 등 다양한 측면들이 결합되었기 때문이다.

엔터테인먼트 전문가를 위한 실습

블록버스터사가 만든 100-플러스 전자 시뮬레이션 사례를 살펴보자. 이 시뮬레이션은 '실행을 위한 사전 연습'을 통해 구성원을 몰입시키기 위한 것이다.

블록버스터사는 시장의 근본적 변화로 인해 여러 곳에서 적대적이고 경쟁적인 압력에 직면하게 되었다. 이 회사의 구체적 도전 과제는 바로 고객에게 즐거운 서비스를 창출한 구성원이 수익 성장의 동력이 되는 '엔터테인먼트 전문가' 역할을 하도록 변화시키는 것이었다. 이 새로운 역할은 고객에게 가치를 준다는 생각을 갖게 하고, 직원들이 언제나 고객의 욕구를 충족시키기 위한 완벽한 엔터테인먼트를 제공하고 있다는 것을 확신시키기 위한 것이었다.

이 시뮬레이션과 실습을 통해 구성원들은 고객접대법, 특정 영화 프로그램 제공방법, 고객의 질문에 대한 대응법, 즐거움을 주는 제안 방법 등을 연습해본다.

학습자들은 고객들('회원들')의 표정에서 고객들이 기뻐하는지 아닌지를 알 수 있다. 또한 학습자들은 '회원 즐거움 지수Member Delight Meter'를 통해 고객만족도를 확인할 수 있는데, 이 지수는 회사의 재정수익과 직결되어 있다. 구성원들이 고객을 몰입시키는 데 능숙할수록 니즈를 만족시킬 확률이 높고, 고객들이 자신들의 선택에 대해

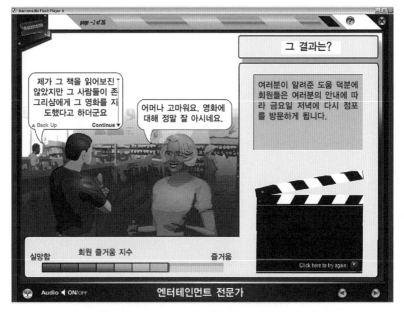

행동이 영향을 미친다는 것을 알면서부터 고객을
즐겁게 하는 연습이 시작된다.

만족할수록 서비스 구매 의지는 높아진다. 이 시뮬레이션 실습은 회사의 수익과 구성원 수를 대폭 늘리는 결과를 낳았다.

시뮬레이션은 블록버스터사에 큰 효과를 가져다 주었다. 시뮬레이션을 통해 배운 구성원들은 크게 만족하였고, 시뮬레이션에서처럼 실제 상황에서 고객과 '게임'을 하게 되었다. 고객이 원하는 영화가 없다면 구성원들은 다른 영화를 추천하였다. 이들은 또한 간식과 부대 상품 등을 판매하여 고객이 다양한 체험을 하게 하여 회사의 수익도 늘릴 수 있었다.

블록버스터사는 여러 방식으로 서비스 수준을 측정하여 성공 여부를 평가하고 있다. 전자 시뮬레이션을 이용한 이 4단계 모델은 고객 만족도 개선과 고객이탈률을 방지하는 하나의 주요 수단이 되었다.

실행 전 실습을 통해 구성원들은 변화를 위해 기꺼이 위험을 감수하고, 조직 적응력을 높였으며, 전략에 필요한 새 기술과 행동을 학습하게 되었다.

▶ 실천을 위한 질문들

1. 구성원들은 두려움을 가지면 몰입할 수 없다. 실수가 용인된 연습 활동에 대한 경험을 회상해 보라. 그리고 그 실수가 개선을 위한 학습에 몰입하게 하는 데 얼마나 도움이 되었는지 생각해 보라.

2. 구성원들의 두려움과 망설임 때문에 성과가 제약되던 경우는 언제였는가? 연습이나 시뮬레이션이 어떻게 몰입도를 높이고 성과를 향상시

켰는가?

3. 연습과 시뮬레이션이 몰입에 미치는 세 가지 긍정적인 영향, 즉 비판적 사고, 자신과 상사에 대한 신뢰의 증대, 지속적이고 정기적인 피드백 등을 생각해 보라. 이 중에서 구성원 몰입에 가장 큰 도움이 되는 것은 무엇인가? 구성원들도 같은 의견일 것 같은가? 어떻게 구성원들에게 물어볼 것인가?

4. 연습을 통해 가장 크게 향상될 수 있는 성과 지표는 무엇인가? 어떻게 연습을 활용하여 성과를 향상시킬 수 있는가?

5. 구성원들을 연습에 몰입시키기 위해 이들에게 물어볼 수 있는 내용은 아래와 같다.
   - 잘 안 된 부분을 통해 무엇을 배웠는가?
   - 왜 그 일이 잘 안 되었다고 생각하는가?
   - 다음에는 무엇을 시도해야 하는가?
   - 앞에서와 같은 새로운 시도가 기존의 방법과 어떻게 다른가?
   - 앞에서와 같은 새로운 시도가 어떻게 고객들에게 이익이 되는가?
   - 이와 관련하여 나는 어떻게 상대방을 도울 수 있는가?

6. 전략이 실행되도록 하기 위해 가장 크게 변화되어야 할 행동이나 분야는 무엇인가? 이러한 변화를 위해 구성원들이 감수해야 할 모험은 무엇인가? 어떻게 시뮬레이터(모의실험 장치)를 만들어 구성원들이 연습하게 할 수 있는가? 고객의 불만을 가장 크게 자아내는 세 가지 사항에 대해 세일즈 관리자와 세일즈맨이 함께 역할 연기를 하도록 할 수 있다.

4부

전략적 몰입의 프로세스

1부에서는 기업에서 일하는 주체가 바로 직원이라는 점을 강조한 바 있다. 직원들을 비즈니스에 몰입시키기 위해서는 그들과 공감대를 형성할 수 있는 것들을 찾아내고 언급해야 하며 자신들이 소중한 존재라고 느끼게 해야 한다.

2부에서는 직원의 몰입을 방해하는 협곡_{canyon}이 무엇인지를 보여 주었다. 이러한 협곡이 바로 대부분 조직에서 직원 몰입이 제대로 안 되는 근본 원인이다. 우리는 직원들의 스토리와 사례를 통해 현장의 목소리를 들었다. 이것을 통해 왜 직원들이 비즈니스에 몰입하지 못하고 서로 업무 연관성을 찾지 못하는지를 발견할 수 있었다.

3부에서는 '몰입의 6가지 비결'을 다루었다. 이 비결은 바로 여러 협곡을 연결하는 방법들에 대한 것이다. 이 방법은 모든 직원들에게 적용가능하며 지속적으로 몰입을 가능하게 하는 진정한 비결이다. 우리는 직원을 몰입시키기 위한 도구와 기법을 설명하기 위하여 스토리, 이미지, 현장의 목소리 등을 사용하였다.

이제 좀 색다른 내용을 다루어 보자.

4부에서는 다른 방법과 기법을 다루면서 좀 더 구체적인 절차들을 살펴보기로 한다. 모든 과정에는 정밀한 규칙과 적응 훈련이 필요하다. 생활 속 경험과 개인 스토리를 다루는 것에서부터 시작하여 모든 경영자에게 적용 가능한 구체적인 절차들을 취급한다. 이 절차는 전체적인 관점에서 접근해야 하는데, 비즈니스 성과에 미치는 몰입의 영향을 측정하기 위한 일련의 종합활동일 수도 있고 개인적인 목표설정적 활동으로 볼 수도 있다. 이를 통해 구성원 몰입의 영향을 측정하는 효과적인 방법도 발견할 수 있다.

서로 다른 계층에 있는 구성원 간의 협곡을 연결하기 위한 최종 단계를 살펴보기로 하자.

16 장

전략적 몰입은 프로세스 형태로 관리해야 한다

> ❝ 전략이 잘 실행되는 주요 조직의 공통점은 구성원들을 전략적 몰입으로 이끄는 것을 '프로세스' 관점으로 간주하였고 이 프로세스는 바로 고위 경영진이 관리하고 있었다. ❞

1부에서 우리는 루트 러닝사의 초기 활동을 이야기하면서 비즈니스 성공은 고위 경영진의 예견력에 의해 결정된다고 믿었던 일화를 소개하였다. 우리의 좌우명은 〈하버드 비즈니스 리뷰〉의 편집자였던 테드 레빗에게서 인용하였다. "미래는 장래의 가능성을 보는 사람들이 소유할 것이다." 우리는 이 좌우명이 승리의 공식이라고 믿었다. 그러나 우리는 새로운 것을 발견하였다. 즉 멋있어 보이고 그럴듯해 보이는 비전이 성공을 보장하는 것이 아니라, 비즈니스 스토리를 잘 이해하고 이 스토리를 구성원들에게 이해시켜 이들이 비즈니스에 대한 뛰어난 안목과 실행 방법을 찾도록 만드는 것이 바로 성공의 비결이었던 것이다.

따라서 우리는 이렇게 정리하였다. "비즈니스 성공은 소수의 뛰어난 아이디어와 학습 속도에 의해 결정되는 것이 아니라, 학습 속도가 느린 다수의 이해력과 실행 능력에 의해 결정된다." 이에 따라 경영자와 관리자의 역할은 바로 해설가라는 새로운 개념이 탄생하였다. 따라서 우리는 근본적인 문제에 관심을 갖게 되었다. 조직의 모든 구성원들은 어떻게 시장에 대한 직관적 통찰력을 가지게 될 수 있는가? 모든 구성원들이 어떻게 비즈니스의 운영방법을 이해할 수 있을까?

우리는 이 측면에서 여러 가지 방법을 활용하여 성공을 거두었다. '학습안내 지도'와 구성원들에게 핵심 비즈니스 시스템을 이해시킨 것은 매우 성공적이었다. 이 방식은 세계의 많은 조직들이 새 전략을 수립하고 전략을 이행하는데 지속적으로 활용될 것이다. 이 방식은 오클라호마 주의 툴사Tulsa에서부터 도쿄에 이르기까지 많은 사람들이 비즈니스 모험과 기회를 이해하는데 큰 도움을 주었다. 더욱 중요한 것은 '학습안내 지도' 모듈을 통해 사람들의 마음가짐이 바뀐 사실이다. 사람들은 이를 통해 자신들의 회사운영에서 벌어지는 일들을 이해할 수 있게 되었고 자신들이 조직의 성공에 어떻게 기여할 수 있는지에 대한 생각에 불을 붙이게 되었다.

그러나 예외는 있다. 우리는 모든 직원들이 조직 전략을 이해하면 문제가 해결된다고 믿었다. 하지만 우리는 이를 위한 더 좋은 방법들이 있다는 것을 알았다. 이 방법들은 바로 스토리와 이미지, 시각화, 대화, 시뮬레이션과 연습 등이다. 단지 비즈니스의 주요 전략을 이해시키는 것만으로는 직원들을 몰입시키는데 충분하지 않으며 더 좋은 결과를 산출할 수 없다. 우리의 많은 고객들은 이런 질문을 하였다.

"그 다음은 어떻게 해야 하나요?" "처음 시작한 후에 무엇을 계속 해야 하나요?" "우리가 뭘 밀어부쳐야 하는 거죠?" "어떻게 해야 직원들을 전략 실행에 몰입시킬 수 있나요?" 한때 우리가 미래의 성공을 위해서는 소수 경영진에게 훌륭한 트렌드 분석을 제공하기만 하면 된다고 오해했던 것처럼, 우리는 직원들이 전략을 이해하기만 하면 모든 문제가 해결된다는 오해에서 벗어나야 한다. 즉 전략을 이해하는 것만으로는 불충분하고 좀 더 많은 것이 필요하다.

고객사들은 우리가 구성원들을 전략 실행에 몰입시키는 특별한 비책을 가지고 있는 것으로 생각한다. 하지만 그런 비책이 완전한 해결법이 될 수는 없다. 훌륭한 비즈니스 통찰력은 분명 효과가 있기는 하지만 결과를 유지하려면 좀 더 많은 것이 요구되기 때문이다. 우리는 고객사들을 컨설팅하면서 깨달았던 점들을 기록하였고, 전략이 잘 실행되는 상황과 잘 되지 않는 상황을 관찰하면서 많은 것을 배웠다.

전략이 잘 실행되지 않는 원인을 밝혀내기 위하여, 우리는 몇 년간 다양한 이론을 실험하고 결론을 테스트하였다. 그리고 중요한 점을 발견하였다. 전략이 잘 실행되는 몇몇 조직의 주요 공통점은 직원들을 전략적 몰입으로 이끄는 것을 '프로세스' 관점으로 간주하였고 이 프로세스를 바로 고위 경영진이 관리하고 있었다. 이러한 것들은 우리에게 중요한 새로운 개념이었다. 그때까지만 해도 우리와 함께 일한 조직들은 대부분 구성원을 전략 실행에 몰입시키는 것을 프로세스로 보지 않고 따라서 그러한 프로세스를 관리하는 사람도 없었기 때문이다.

대부분의 조직에서는 구성원들을 전략에 몰입시키는 활동을 서로 연관되지 않는 일련의 이벤트로 다루고 있다. 또한 경영진, 관리자, 직원들의 역할을 명확하게 정의하고 있지 않다. 이러한 현상은 우리가 경영자에게 아래와 같이 물을 때 가장 명백하게 나타난다. "직원들의 전략적 몰입을 누가 관리하는가?" 이에 대한 대답은 천차만별이었다. 커뮤니케이션 담당 부서라고 답한 사람도 있고, HR부서의 역할이라고 답한 사람도 있으며, 부서장이라는 사람도 있고, 팀 리더라는 사람도 있었다. 잘 모르겠다고 인정하는 사람도 있었다. 확실한 것은 바로 전략부서의 부사장이 전략을 관리하고, 커뮤니케이션 부서의 부사장이 커뮤니케이션을 관리하며, HR부서의 부사장이 사람과 관련한 이슈를 관리하고, CFO가 재무성과를 관리하며, COO가 운영 이슈를 관리한다는 점이다. 하지만 이 모든 이슈를 종합적으로 관리하는 사람이 없었고, 직원들의 생각과 행동을 지속적으로 관리하는 사람도 없었다. 조직은 이러한 일들로 좌절을 경험하면서 자신들의 조직 학습이 전략적이지 못하였고, 조직 전략이 제대로 이해되지 못하였으며, 조직 커뮤니케이션이 많은 참여를 이끌어내지 못하였다고 실토한다. 그렇지만 대부분의 조직에서는 어느 한 사람이나 팀도 이러한 딜레마에 대한 해결을 책임지는 사람이 없었다.

따라서 우리는 이 문제를 그 어느 때보다 명백히 보았으며 험프티덤프티를 다시 비유적으로 사용할 수 있음을 알아냈다. 우리는 '직원의 전략적 몰입을 하나의 프로세스'라고 보는 접근방식으로 전략을 성공시킨 조직들을 대상으로 그들이 어떻게 그러한 성공을 이루어냈는지를 더 깊이 이해할 필요가 있었다. 우리는 이러한 조직들이 모두 경영자, 관리자, 직원별로 각자의 역할과 책임을 가지고 있음을 알게 되었고, 이 세 그룹간의 상호 작용이 어떻게 서로 조화시키고 시너지를 창출하는지에 대해 관심을 갖게 되었다.

여러분은 어떻게 하고 있는가?

다음 이어지는 세 개의 장에서 '전략적 몰입의 절차'에 대해 자세히 설명하기 전에, 다음과 같은 문제를 살펴보자. "예" 혹은 "아니오"로 답해 보라.

1. 여러분이 속한 조직 구성원들은 조직전략을 실행할 준비가 되어 있고 의지가 있으며 그럴 능력을 가지고 있는가?
2. 경영진은 조직의 전략 목표에 대해 일관된 관점과 해석을 직원들과 공유하고 있는가?
3. 경영진은 자신의 개인이익보다 조직 전반의 이익을 우선시하는가?
4. 경영진이 보여주는 행동은 조직의 전략적 목표와 일치하는가?
5. 관리자들은 명료하고 일관되며 강력한 방식으로 조직 전략을 전달하는가?
6. 관리자들은 팀의 업무절차를 팀 및 조직의 목표와 연관해서 관

리하는가?

7. 관리자들은 팀원들의 노력을 조직 전략과 일치시키는가?

8. 현장 직원들은 시장과 조직 전략을 이해하는가?

9. 현장 직원들은 자신들의 업무를 조직의 전반적인 목표와 연관
시키는가?

10. 전략 실행에 필요한 역량 향상의 기회가 현장 직원들의 일상
업무에 주어지는가?

이상의 질문에서 5개 이상 "아니요"라는 대답이 나온다면 전략 실행에 큰 어려움이 있을 것이고 전략몰입을 프로세스 관점에서 관리하지 않고 있을 가능성이 높다. 대부분 "예"라는 대답이 나왔다면 전략적 몰입의 주요 핵심 단계를 서로 연관시키고 프로세스로 관리했을 것이다.

많은 조직은 구성원을 전략 실행에 얼마나 잘 몰입시키고 있는지에 대해 잘 평가하지 않는다. 더욱 큰 문제는 이들이 이러한 개념을 생각조차 하지 않고 맹목적으로 변화를 추진하며 자신들의 현 상황을 제대로 파악하지 못하고 있다는 것이다. 이것은 마치 자동차 수리공이 자동차 후드를 열고 점검하지 않은 상태에서 부품을 교체하는 것과 흡사하며, 의사가 진찰 없이 직접 수술하는 것과 같다. 전략적 몰입을 어떻게 체계적으로 평가할 것인지를 탐구하기 이전에 그 프로세스에 대해 살펴보자.

전략적 몰입은 일종의 프로세스다

시장의 변화가 크게 일어나는 상황에서 회사 내에 비전과 목표와 상관없이 자기 관점을 고수하는 직원들이 있다면, 조직 내의 협곡은 반드시 존재할 것이다. 협곡은 경영자, 관리자, 직원 간에 존재하는 자연적 현상이다. 협곡은 또한 이 세 그룹 내부에서도 각각 존재한다. '전략적 몰입의 프로세스'는 이러한 협곡에 다리를 놓아 성과를 향상시킬 수 있는 틀을 만드는 것이 그 목적이다.

메이저리그 경기나 비즈니스 분야에서 단지 탁월한 재능을 가진 인재들을 선발하고 개발한다고 해서 승리가 보장되는 것은 아니다. 사실, 고객사 경영자들은 컨설팅 업무를 중단하여 우리를 곤혹스럽게 한 적이 여러 번 있다. 회의에서 테이블을 둘러보면, IQ가 160 수준인 사람들 8~12명이 함께 모여 있음에도 집단 IQ는 22정도밖에 안 되는 모습을 종종 볼 수 있다. 즉 각자의 재능이 부족한 것이 아니라 여러 사람의 재능을 한데 묶어 최적의 성과를 내는 프로세스가 부족한 것이다. 여러 사례에 의하면 사람의 재능을 한데 묶어주는 프로세스는 많은 자원과 인력 투입보다 더 효과적일 수 있다. 수행과 실행하는 활동은 개인의 재능 못지않게 프로세스가 어떻게 되어 있는지에 의해서도 영향을 갖는다. 장기적으로 보면, 훌륭한 시스템은 훌륭한 재능보다 더욱 효과적으로 영향을 미칠 수 있다.

만일 그렇다면, 왜 우리는 비즈니스 전략 실행에서 프로세스라는 관점을 포기하고 있는 것일까? 다음 그림에서 '전략적 몰입의 프로

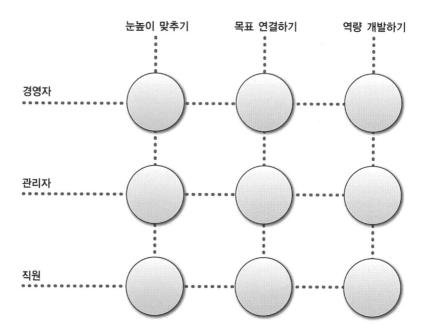

전략적 몰입 프로세스의 각 단계는 세 개 계층의 역할구조로 구성되어 있다.

세스' 가 매트릭스로 표시되어 있다. 세로 방향의 축은 경영자, 관리자, 직원들의 일반적인 역할을 보여준다. 이것이 보여주는 분명한 사실은 바로 경영자, 관리자, 직원들의 역할이 서로 다르다는 것이다. 이러한 현상은 9장에서 볼 수 있는 '협곡' 그림이 잘 보여주고 있다. 수평 방향의 축은 '전략적 몰입의 프로세스' 의 세 가지 핵심 요소를 보여준다. 전략적 몰입을 프로세스 관점에서 실천할 때 경영자, 관리자, 직원의 역할이 각각 무엇인지를 다음 장에서 살펴보기로 한다.

이 매트릭스의 주요 내용을 살펴보자.

- **눈높이 맞추기** 　조직의 전략적 계획을 이해하는 것을 말한다. 즉 핵심 비즈니스 시스템이 조직전략과 어떻게 연관되는지를 이해하는 것을 의미한다.
- **목표 연결하기** 　직원과 팀의 목표를 조직의 전체 목표와 연관시키는 것을 말한다. 이러한 목표는 조직이 전략 실행에서 얼마나 큰 성과를 달성했는지를 측정한다. 또한 이러한 목표는 개인과 팀이 조직의 전략실행에 얼마나 큰 공헌을 했는지를 측정한다.
- **역량 개발하기** 　조직의 모든 계층에서 전략실행에 필요한 스킬과 역량을 개발한다.

조직의 협곡을 건너기 위한 프로세스

이 세 가지 요소는 동시에 진행할 필요는 없지만, 반드시 고려해야 할 순서가 있다. 첫째, 직원들은 전략을 이해해야 한다. 둘째, 직원들은 업무를 서로 연관시켜야 한다. 셋째, 직원들은 자신들의 역량을 개발해야 한다. 다음의 그림(이 책의 중간부분에도 있음)은 이 세 가지 요소가 어떻게 경영자, 관리자, 직원 간의 협곡을 연결하는지를 은유적으로 보여주고 있다.

전략적 몰입의 평가

전략적 몰입이 프로세스에 의해 이루어지는 것이라고 한다면, 이를 개선하기 위해서는 여타의 프로세스에서 사용하는 것과 같은 방법을 적용할 수 있다. 즉 프로세스의 강약점을 평가하고 그 프로세스가 어떻게 진행되는지를 잘 이해하는 것이다. 이러한 지식은 조직의 자원을 효과적으로 관리하여 성공을 위해 잠재력을 최대한 발휘할 수 있도록 만든다.

몰입은 항상 소프트 사이언스soft science로 인식을 하고 있다. 우리역시 초기에는 몰입이 비즈니스 성과에 미치는 영향력을 과소평가한바 있다. 그러나 몰입을 측정하는 방법은 이제 많이 개발되어 있어 이미 획기적인 성과를 거두고 있다. 구성원의 몰입도를 측정하는 많은 유용한 도구들이 등장하고 있다.

불행하게도, 이러한 도구들 중에 많은 것들이 전략실행의 몰입도

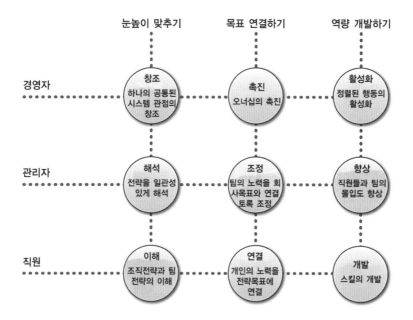

전략적 몰입 프로세스

를 간접적으로 측정한다는 데 문제가 있다. 이를테면 상당수의 도구들이 구성원의 업무성취감, 직장에서의 친화관계 및 기타 몰입과 관련된 사항들을 측정하도록 활용되는데 여기서 부족한 부분은 바로 효과적인 '전략 실행' 행위를 직접 측정할 수 있는 도구가 없다는 것이다. 몰입을 이끄는 전략적 요소를 빠뜨린다면 몰입을 불완전하게 측정할 수밖에 없다. 최악의 경우 조직에는 업무에 대한 '몰입도'가 높은 행복한 사람들이 많이 존재할 수 있지만 실제로는 조직의 전략을 달성하는 것과는 전혀 상관없는 일을 하는 사람들로 채워질 수도 있는 것이다.

수년 전, 우리는 평가와 측정 분야의 권위자인 팔머 모렐사무엘

Palmer Morrel-Samuels 박사와 함께 고객사들의 전략적 몰입 수준을 분석하도록 도와준 적이 있다. 우리는 전략 실행과 관련된 몰입행동을 관찰하고, 연구와 경험에 근거하여 30가지 행동을 설정하였다. 이것이 바로 '전략적 몰입 프로세스'의 핵심이라 할 수 있는데, 이는 아홉 가지의 요인으로 구성되어 있다. '회사 전략에 대한 구성원의 개인 몰입과 실행 몰입'이라고 규정한 우리의 개발평가 도구는 전략적 몰입 프로세스의 강약점을 진단하는 데 도움이 되었다. '전략적 몰입의 절차'에 관한 매트릭스의 아홉 가지 요인은 위의 그림에 표시되어 있다.

다음의 세 개 장에서 설명하는 아홉 가지 요인 및 '전략적 몰입 프로세스'의 핵심에 해당하는 30가지 행동에 대해 구체적으로 살펴보자.

1. 여러분은 직원을 전략에 몰입시키는 활동을 일종의 프로세스라고 생각하는가? 왜 그렇게 생각하는가? 전략 몰입을 프로세스로 보는 관점과 "유능한 사람은 쉽게 처리한다."는 관점은 어떻게 다른가?

2. 여러분의 조직에서 전략, 커뮤니케이션, 학습 및 비즈니스 성과는 모두 어떻게 서로 연관되는가? 이 요인들을 통합 관리하는 사람이 있는가? 만약 있다면 누구인가?

3. 16장에서 "여러분은 어떻게 하고 있는가?"에서 나온 10개 문항 중 "아니요"라고 대답한 문항에서 직원을 전략적으로 몰입시키는 데 가장 문제가 큰 문항은 어느 것인가?

4. 앞에서 논한 10개 문항 중 "예"라고 답한 문항에서 직원을 전략적으로 몰입시키는 데 가장 도움이 되는 문항은 어느 것인가?

5. 16장에서는 직원을 전략 실행에 몰입시키는 최선의 방법을 설명하였다. 자신의 경험에 비추어 볼 때, 직원을 전략 실행에 몰입시키는 최선의 방법은 무엇이며, 깨달은 바는 무엇인가?

17 장

눈높이 맞추기

> ❝ 관리자는 전략의 실행자인 현장직원들과 가장 가까이 있는 사람이기에 전략을 실행하는데 매우 큰 역할을 할 수 있다. ❞

2장에서 다루었던 칵테일 라운지에서 일어난 상황을 상기해 보자. 우리는 아이디어와 통찰력만 있으면 비즈니스 성공은 보장된다고 생각했었다.

칵테일 라운지에서 우리는 고위 경영진과 함께 전략 수립 완성을 축하하며 미래의 비즈니스 성공을 보장할 수 있는 훌륭한 전략 계획을 찾았다고 생각했다. 그러나 그러한 자축연은 잠시였을 뿐, 몇몇 사람들이 고안한 전략을 모든 직원이 이해하고 실행하려 할 때, 전략은 대부분 실패로 돌아갔다는 점을 여러분은 기억할 것이다. 그와 같은 것을 두고 우리는 "도달 즉시 사라진다."라는 표현을 쓸 수 있다. 그 원인들을 좀 더 조사해 보자, 조직 구성원들 사이에는 거대한 협곡이 있고 비즈니스에 관한 그들의 관점에도 큰 협곡이 있다는 사실을 명료하게 알 수 있다. 일부 구성원은 조직이 해야 할 일이 무엇인지를 알고 있지만, 다른 구성원들은 이를 전혀 모르기도 하는 것이다.

우리가 발견한 점은 바로 서로 다른 계층에 있는 사람들은 활동무대가 서로 다르다는 것이다. 따라서 이들이 보는 것도 다르다. 이는 일반적이고 자연스러운 현상이다. 그래서 조직 구성원들을 동일한 무대에 모아놓고 전략을 실행하도록 몰입시키려면 전혀 먹혀들지 않는 것이다. 그들이 활동하는 무대를 활동하는 높이에 비유해보자. 비행기 창문에서 바라볼 때 무엇이 보일지 생각해 보라. 경영진, 관리자 및 직원들은 서로 다른 높이에서 날아다니며(이 내용에 대한 사진은 다음 페이지에 있다), 이들에게 보이는 모습들이 바로 그들의 관점을 형성한다. 우리가 내릴 수 있는 결론은 "높이가 매우 중요하다"는 점이다. 좀 더 자세히 설명해 보자.

경영자는 해발 35,000피트의 높이에서 난다. 경영자는 산맥, 여러 호수, 대지를 가로 흐르는 강줄기, 평야와 골짜기 등을 본다. 그들은 이러한 것들이 어떻게 서로 교차하며 영향을 미치는지 볼 수 있다. 하지만 그들은 이것을 더욱 구체적으로 볼 수 없고, 육지에서 어떤 일들이 일어나는지도 볼 수 없다.

관리자는 해발 15,000피트의 높이에서 난다. 관리자들은 도시의 고층건물, 서로 얽힌 고속도로, 울창한 숲, 비슷한 건물의 구역 등을 본다. 그들은 이러한 것들을 좀 더 자세히 볼 수는 있지만, 전체의 모습을 한눈에 보기에는 좀 낮은 위치에 있고, 그렇다고 구체적인 현실

35,000 피트

15,000 피트

1,000 피트

높이에 따라 세상이 다르게 보인다.

장면들을 들여다보기에는 좀 높은 곳에 있다.

현장 직원들은 해발 1,000피트의 높이에서 난다.   현장 직원들은 땅위에 어떤 것들이 있는지 볼 수 있다. 그들은 고속도로에서 달리는 차를 볼 수 있고 특정 빌딩을 알아 볼 수 있으며 거리가 어떻게 서로 연결되어 있는지도 볼 수 있다. 그들은 뒤뜰에 있는 수영장 물의 깊이도 볼 수 있다. 하지만 그들은 경영자처럼 수평선을 볼 수 없고, 어떻게 이러한 것들이 서로 연결되어 있는지도 볼 수 없다.

만약 "우리의 비즈니스가 어떻게 보입니까?"라고 묻는다면 조직 구성원들은 자신들이 처한 위치에 따라 서로 다른 대답을 할 것이다. 같은 사물이라도 서로 다른 관점으로 보는 것이다. 조직에서 일을 가능하게 하려면, 모든 구성원이 비즈니스에 대해 같은 관점을 가져야 한다. 설사 이들이 서로 다른 높이에 처해 있다고 해도 말이다.

시장 환경이 자신에게 갖는 의미

한 가지 확실한 것이 있다. 조직이 '높이'라는 이 문제를 해결하지 않으면 오늘날의 환경에서 성공에 필요한 속도, 깊이, 유연성의 문제에 적응할 수 없고 그에 따른 변화를 이루어낼 수 없다. 문제를 동일한 관점에서 바라본다는 것은 매우 중요하다. 문제를 같은 관점에서 바라보는 것은 공통의 '눈높이line of sight'를 가지는 것이다. 눈높이를 맞춘다는 것, 즉 같은 관점을 갖는 것은 몰입을 이끌어 내는 데 필수

요소다.

모든 조직에서 경영자가 해야 할 핵심 과제는 비즈니스 전략을 명확히 하는 것이다. 그리고 전략을 명확히 하려면 거짓이 없어야 하는데, 놀랍게도 우리는 경영자들이 대부분 언제나 세 가지 거짓말을 한다는 점을 발견하였다. 즉 "우리는 전략이 있다.", "우리의 활동은 전략과 잘 정렬되어 있다.", "우리는 전략을 잘 뒷받침할 자료가 있다." 등이다. 이들 거짓말은 모든 조직에 항상 존재하고 있으며 단지 조직에 따라 그 정도가 다를 뿐이다. 이러한 거짓말이 존재하는 근본 이유는 바로 대부분의 경영진이 전략에 대해 잘 이해하지 못하기 때문이다. 이들은 또한 자신들이 자리잡고 있는 35,000피트의 높이에서 15,000피트의 높이(관리자 높이) 및 1,000피트의 높이(직원 높이)로 내려오면 전략의 의미가 어떻게 변하는지도 잘 모른다. 그러나 경영자가 해야 할 진정한 도전은 바로 모든 직원들이 전략을 이해하게끔 만드는 것이다. 이렇게 하려면 관점을 전사적으로 통일하는 것이 아주 중요해진다.

눈높이란 무엇인가? 이는 모든 사람들이 이해하고 생각하며 말할 수 있는 명료하고 일관된 비즈니스 언어를 만드는 것을 의미한다. 언어라는 문제는 매우 중요하다. 조직 구성원들 간에 대부분 협곡이 존재하는 것은 바로 통일된 언어가 없기 때문이다.

동일한 눈높이의 언어를 갖는 것이 왜 중요한가를 알려주는 가장 좋은 방법은 바로 말을 이해하지 못할 때의 느낌, 특히 그것이 자신과 연관된 사항일 때 그 느낌이 어떤지를 생각해 보는 것이다. 알지 못하는 병으로 의사를 찾아갔던 때를 생각해 보자. 치료 절차, 그 결과, 예후 등에 대해 의사가 쓰는 전문용어들은 이해하기 어려울 것이다. 그런 말들이 무슨 말인지를 좀 알아내려다보면 불안하고, 머뭇거려지며, 굽신거려야 할 때 느끼는 무기력감에 휩싸일 것이다. 의료전문용어들을 접할 때 당신은 아무런 영향력 없이 그저 수동적으로 당신 앞에 벌어지는 일들을 겪는다는 느낌을 갖게 될 것이다. 그저 정보를 받고 그것을 해석하는 정도의 일은 주도적 행동이라고 할 수 없다. 다음과 같은 의사의 진단서 내용을 보자. "이 환자에게는 심각한 인후염과 비염이 있음." 이는 쉽게 표현하면 목에 염증이 있고 콧물

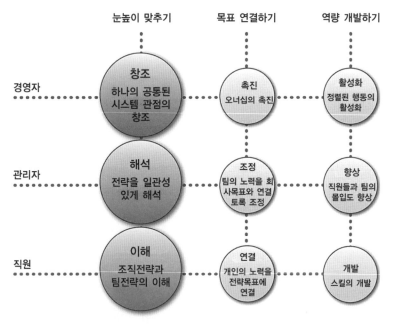

전략적 몰입 프로세스에서 눈높이 단계의 목표

이 흐르고 있다는 뜻이다. 모든 비즈니스 분야의 사람들이 알다시피 기업 전략도 대부분 이처럼 어려운 용어로 적혀 있고 대중을 독자로 생각하지 않는다. 동일한 눈높이의 언어가 없으면 사람들은 전략을 자신들과 직접 연관되어 있는 일이 아니라, 자신들의 먼 주변에서 일어나는 일로 착각하게 된다.

진정한 관점 통일은 비즈니스 전략을 모든 사람들이 쉽게 이해할 수 있는 말로 바꾸는 것이다. 당연한 것이지만, 이렇게 바꾸는 데 있어 명심해야 할 것은 사람들이 자주 쓰는 말, 공통언어, 반복적으로 발생하는 자료들을 그 조직만이 가진 특별하고 독특한 것으로 바꾸는 것이다. 그 특별한 내용이란 바로 공유된 의미를 말한다. "공유된 의미를 만드는 것이 바로 핵심이다." 동일한 눈높이에서 가장 중요한 것은 바로 조직의 모든 구성원들에게 공통되고 일관되며 공유된 의미를 만들어내는 것이다.

관점 통일을 위한 경영자, 관리자, 직원들의 역할

공유된 의미를 갖는 통일된 언어를 만드는 것은 조직 내 모든 계층의 책임이다. 이에 대한 경영자, 관리자, 직원들의 책임을 다루는 내용은 앞 페이지를 참고하라. 이제 그 구체적인 내용을 살펴보자.

경영진 : 통일된 시스템 관점을 만들기

경영진 차원에서 볼 때 최고 경영진은 통일된 시스템 관점을 만들어야 한다. 이는 조직 내 모든 사람들에게 동일한 의미를 전달하는 지적 모델이나 그림을 만드는 것을 의미한다. 그 그림은 모든 사람들이 똑같이 해석할 수 있는 것이어야 한다. 처음 우리가 부딪쳤던 딜레마 사례를 보자. 우리는 '곰' 이라는 단어를 말하고 사람들에게 마음속에 그 단어를 그려보게 한 다음 무엇을 의미하는지를 물었다. 결과는 거의 비슷하였는데, 대부분 해답은 '북극곰', '회색의', '시카

하나의 단어가 여러 가지 의미를 유추시킬 수 있다.

고', '벌거벗은', '아스피린', '테디 인형', '판다', '시장' 등이었다. "가서 곰을 처벌하라."는 힌트를 주자 그 의미가 정확하게 전달되었다. 말의 의미는 종종 명확하지 않을 때가 있는데, 문맥에 따라 그 의미가 달라진다.

다음 문구를 마음속에 그려보자. '세계 수준의 고객 서비스', '성장기반의 문화', '훌륭한 가치사슬' 우리는 전략 관련 자료들을 읽을 때 그 모든 내용이 중요하다는 점을 인정한다. 하지만 그 자료들이 우리 마음속에 그려내는 모습은 어떤 것들인가? '곰'의 사례에서처럼 우리는 자기관점으로 단어를 해석한다. 각자 서로 다르게 해석하는 모습은 의도들을 모으는 것이 아니므로, 통일된 그림을 갖지 못하게 되어 전략을 행동으로 옮길 수 없다. 말을 통해서 의미를 전달하는 데는 한계가 있다. 말을 의미와 행동으로 바꾸는 것은 어려운 일인데 이는 경영자가 해야 할 중요한 역할이다. 앞 장에서 언급한 시각화는 고위 경영진이 우선 활용해 볼 수 있는 매우 효과적인 도구로서, 효과가 있으면 전체 조직을 대상으로 활용할 수 있다.

경영진의 행동이 통일된 시스템적 관점을 만들고 있는지를 평가하는 것은 가능할 수 있다. 이에 관한 간단한 평가 방법을 소개하고자 한다. 다음 페이지의 표에 있는 각 문항을 참고하여 자신이 소속한 조직의 경영진을 평가해 보라. 잘하는 것에는 3점을 주고, 무난한 것에는 1점을 주며, 못하는 부분에는 0점을 주라. 이에 대한 자세한 설명은 본 장의 마지막 부분에 있다.

	눈높이 맞추기 경영자		
	충분 (3점)	가능 (1점)	부족 (0점)
경영자는 명료하고 구체적이며 일관된 전략적 목표들을 설정한다.			
경영자는 현실적이고 수익성 있는 전략계획을 수립한다.			
경영자는 도전적이고 혁신적인 전략계획을 참조한다.			
합 계	+	+	=

관리자 : 전략을 일관되게 해석하기

통일된 언어를 만드는 과정에서 가장 관심을 적게 받았던 부분은 관리자의 역할이다. 관리자는 전략의 실행자인 직원들과 가장 가까이 있는 사람이기에 전략을 실행하는 데 매우 큰 역할을 할 수 있다. 관리자는 경영진의 전략 계획과 직원의 일상 업무 사이에 놓인 협곡에 다리를 놓는 중심 위치에 있다.

앞의 그림(전략적 몰입과정에서의 눈높이의 창조 목적)의 두 번째 크기의 원이 보여 주듯이 관리자의 중요 역할은 전략을 일관되게 해석하는 것이다. 조직에는 관리자의 수만큼 서로 다른 정신 모델을 가지고 있어 자신의 경험에 따라 들은 것을 걸러내고 해석한다. 따라서 이들은 결국 여러 가지 다르게 해석된 모양으로 전략을 실행하게 된다.

경영진은 반드시 관리자가 이해할 수 있는 말로 전략을 해석해야 하며, 관리자는 반드시 전략을 이해하고 자기 것으로 만들어야 한다. 문제는 바로 이것이다. "이들이 어떻게 그렇게 할 수 있을까?" 대답은 두 부분으로 나뉜다.

첫째, 관리자는 전략에 대한 자신들이 이해하고 있는 바를 경영자와 함께 점검하여 자신들의 해석이 정확하고 일관될 수 있도록 해야 한다. 둘째, 관리자는 자신들이 이해한 전략을 직원들이 알아들을 수 있도록 재해석해야 한다. 전략 이해에 대한 테스트는 경영진이 관리자를 초청하고 관리자가 이에 적극 호응하는 방식으로 진행되어야 한다. 불행하게도 경영진은 관리자들이 자신과 똑같이 전략을 이해하고 있다고 생각하는 반면, 관리자들은 자신들의 해석이 전략의 의미를 벗어나는지 아닌지를 경영진이 말해줄 때까지 기다리고 있게 된다.

관리자는 경영진이 전해준 정신 모델과 똑같은 정신 모델을 직원들에게 전달해야 하기 때문에, 전략을 일관되게 해석함에서 있어서 그 위치는 매우 중요하다. 이러한 해석은 직원들이 무엇을 해야 하는지를 알려주는 것이 아니라, 직원들이 자신들의 입장에서 비즈니스를 이해할 수 있도록 도와주어 그들이 무엇을 해야 할지를 스스로 결정하게 하는 것이다. 이를 위한 비결은 바로 직원들을 조정하려고 하는 대신, 이들이 무엇을 이해하고 무엇을 이해하지 못하는지를 잘 경청한 후 그들을 전략과 연관성을 갖게 도와주는 것이다.

여러분의 관리자들이 얼마나 일관되게 전략을 잘 해석하고 있는

눈높이 맞추기 관리자			
	충분 (3점)	가능 (1점)	부족 (0점)
관리자는 조직의 전략을 해석하여 팀이 해야할 구체적 목표로 전환하고 우선 순위를 정한다.			
관리자는 새로운 목표와 책임 및 절차들을 팀의 일상 업무에 통합해야 한다.			
관리자는 건설적 집단토론을 이끌어 팀이 전략적 목표를 충족시키고 개선될 수 있도록 해야 한다.			
합 계	+	+	=

지를 알아보기 위하여, 위의 표 '눈높이 맞추기(관리자용)'를 활용하여 점수를 계산해 보라.

직원 : 조직 및 팀의 전략을 이해하기

직원들은 경영자가 만든 통일된 시스템 관점을 가져야 하는데, 이는 바로 누구에게나 공통된 정신 모델을 의미한다. 조직이 추구하고 있는 이러한 통일된 정신 모델을 직원들이 이해하는 것은 매우 중요하다. 직원들은 관리자로부터 정신 모델을 전수받지만 계속해서 이렇게 물을 것이다. "내가 뭘 하기를 원하는 거죠?", "내가 해야 할 일이 무엇입니까?" 만약 직원들이 자신들이 해야 할 일을 기다리기만 하면서 자신들의 역할이 조직의 전략과 어떻게 연관되는지를 모르고 있다면, 조직의 전략을 내재화하지 못하고 자신들의 행동을 변화시키지 못할 것이다.

경영진이 조직 전체에 통일된 시스템 관점을 만들고 관리자가 그 전략을 일관되게 해석하며, 직원들이 조직과 팀의 전략을 정확하게 이해한다면, 우리는 성공적인 전략적 몰입의 첫 단계를 완성한 셈이다. 그렇게 되면 직원들은 자신들이 해야 할 일이 무엇인지를 알게 되고, 진정으로 비즈니스 성공을 위한 탁월성을 발휘하게 될 것이다.

조직과 팀의 전략을 이해하는 능력이 얼마나 되는지를 알아보기 위해, 아래의 표 '직원들의 눈높이 맞추기(개인용)'를 참고하여 점수를 계산해 보라.

눈높이 맞추기 직원	충분 (3점)	가능 (1점)	부족 (0점)
직원들은 회사와 경쟁자 및 시장의 동향 등에 대한 중요 정보를 수집하고 분석한다.			
직원들은 다른 팀원들과 투명하고 정직하며 전문가답게 의사소통한다.			
직원들은 장비와 공급품을 가지고 자신들이 해야할 일을 적절하게 수행한다.			
직원들은 작업계획을 세우고 일정을 조정하여 일이 제때 완성될 수 있게 한다.			
합 계	+	+	=

최고의 방법

공통의 정신 모델을 창조하기 위한 공통의 용어를 만드는 최선의 방법은 실제 '그와 관련된 그림을 그려보는 것'이다. 그리고 그림보다 더 좋은 방법은 비즈니스 시스템을 이해할 수 있게 하는 은유적 방식을 사용하는 것이다. 앞 장에서 우리는 그림 방식과 은유 방식이 서로 어떻게 의미를 전달하는지에 대해서 배웠다. 그림과 은유는 적절한 질문과 대화를 결합하면 더욱 효과적일 수 있다. 시각화는 조직 내 각 계층의 구성원들에게 의미를 일관되게 전달할 가능성이 훨씬 더 높다.

동일한 눈높이라는 말은 '공통의 정신 모델'과는 다른 개념으로서 그 차이는 다음과 같다. 공통의 정신 모델은 경영자가 전략의 의미를 명료하고 일관되게 만드는 것을 의미하는 것이고, 동일한 눈높이란 그 일관성과 의미를 경영진으로부터 관리자, 직원에 이르기까지 조직 전체에 복제해 내는 것이다.

우리는 조직이 어떻게 운영되는 것이며 전략 과제가 무엇인지를 마음속으로 그려보는 정신 모델을 가지고 있다. 그러한 그림들이 우리의 행동을 이끈다. 하지만 문제는 우리가 자신의 그림을 외부 비즈니스 환경과 실제 전략과 비교해 볼 기회를 가져보지 못하며, 동료들의 그림과도 비교해 볼 기회를 가져보지 못한다는 것이다. 따라서 우리는 서로 다른 모습의 그림을 가지게 되고, 어느 그림이 옳고 나쁜지를 판별할 수 있는 방법도 가지지 못하게 되는 것이다.

이미 설명한 바 있는 '학습안내 지도'에서 시각화의 장점은 말을 전달하는 것과 같은 효과를 체계화된 그림을 통해 전달할 수 있다는 점이다. 이 체계화된 그림은 매우 간단하기 때문에 조직의 모든 구성원이 이를 통해 비즈니스를 같은 관점에서 이해하고 자신들의 역할을 알아낼 수 있다. 이러한 절차는 조직의 성공에 필요한 핵심 요소였음에도 불구하고 그동안 너무 소홀하게 여겨져 왔다.

올바른 내용

조직에서 동일한 눈높이를 구현하기 위해 말이나 그림으로 나타낼 필요가 있는 내용들이 무엇인지를 생각해 보자. 우리가 공통의 정신 모델이 중요하다는 점을 인식하고 있다면, 문제는 이제 다음과 같은 것이 된다. "전략을 공유된 언어로 표현하기 위해 사람들이 알아야 할 것은 무엇인가?"

모든 비즈니스에는 스토리가 있다. 앞부분에 있는 '시장 환경이 자신에게 갖는 의미'에서 눈높이에 관한 이야기를 통해 서로 다른 계층의 사람들은 보는 관점이 다르다는 점을 우리는 알 수 있었다. 모든 비즈니스는 조직체이고 '유기체'로서 전진과 후퇴, 확장과 수축을 반복한다. 비즈니스 또한 사람들이 알고 있으면 관리할 수 있는 하나의 생명체다. 비즈니스를 이해하는 가장 좋은 방법은 비즈니스를 다섯 개의 빌딩 블록으로 이해하는 것이다. 그 다섯 가지 빌딩 블록은 사업에 대한 큰 그림, 경제 시스템, 고객에 대한 가치명제customer value proposition, 핵심 프로세스, 전략으로 구성된다. 이것들이 바로 동일한 눈높이의 언어를 만드는 데 필요한 기본 내용이 된다. 만일 사람들이 이를 이해할 수 있다면, 비즈니스가 무엇인지에 대한 다음 다섯 가지 문제를 풀 수 있다.

1. **왜 변해야 하는가?** 이것은 비즈니스의 큰 그림에 관한 것으로써 외부 경쟁, 기술, 규제, 시장 등과 같이 조직의 통제권 밖에 있으면서 전략 형성에 영향을 미치는 것들에 대해 다룬다. 이러한 요인들을 중시하는 사람들은 끊임없이 긴장감을 만들게 된

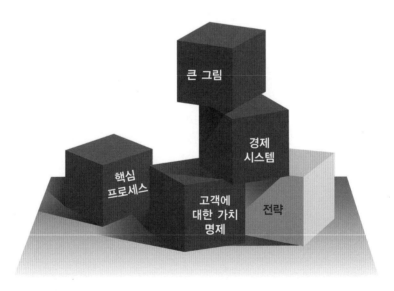

빌딩 블록을 이해한다면, 비즈니스에 대한 모든 것을 이해할 수 있다.

다. 대부분의 사람들은 이러한 큰 그림과 단절되어 있어 왜 새로운 전략이 계속 필요한지를 이해하지 못한다.

2. **어떻게 성과를 유지하는가?** 이 질문은 조직의 '순환계', 즉 자금 흐름에 관한 문제이다. 이것은 비즈니스 모델, 손익계산서, 활동기반 회계절차, 고객집단별 경제성 등이 해당된다. 이것들은 늘 변화되는 시스템들이며, 조직의 성패를 알기 위해서는 반드시 이해해야 한다.

3. **소비자가 무엇을 중시하는가?** 이것은 초점에 관한 문제로서 혁신 및 고객과 연관되는 사항이다. 고객집단을 어떻게 구분하며, 고객의 요구는 무엇이고, 고객의 요구에 대한 우리의 해결 방식은 무엇이며, 고객 만족을 위해 우리가 하고 있는 일은 무엇인지 등을 아는 것은 비즈니스 가치를 지속 창출하는 데 핵심이 되는 문제라 할 수 있다.

4. **우리의 일하는 방식은 무엇인가?** 이는 절차에 관한 것으로서 공급 체인, 고객의 주문처리(과정), 상품 개발, 제조 프로세스 등이 해당된다. 조직의 주요 프로세스의 대부분은 전체 조직 구성원들과 연관되어 있다. 즉 조직은 구성원 모두에게 자신들의 일상 업무가 어떻게 전체 업무 프로세스와 연관되어 있는지를 이해시키려 한다.

5. **우리가 나아갈 방향은 무엇이고 어떻게 해 나갈 것인가?** 이는 앞의 네 가지 질문들에서 다루는 것들에 대한 전략 관련 사항이다. 전략은 본질적으로 시장의 도전과 기회, 이익과 재무성과

압력에 대한 대응책인 동시에 고객 문제에 대한 더 나은 해결책, 효과적인 상품 및 서비스 조달 방안 등을 다루는 것이다. 전략관련 질문에 대한 답변은 조직의 방향을 알려주고 어떻게 모든 업무가 서로 연관되는지를 보여준다.

앞에 다루었던 내용이 기업에서 실제 어떻게 추진되었는지 살펴보자. 여기에서 제시된 사례는 여러 조직들이 동일한 눈높이의 언어를 만들어 어떻게 비즈니스에 대한 이해를 공유했는지, 어떻게 직원들을 몰입시켰는지에 대한 사례들이다.

스코샤 은행

1990년대 말, 새로운 기술 수요와 고객 선호도가 변화함에 따라 캐나다의 주요 금융기관인 스코샤 은행Scotiabank은 통합 비즈니스 전략을 도입하여 1천여 개 지점의 서비스 조달 방법을 변화시키고자 하였다. 그 목적은 고객 지향적인 판매와 서비스 문화를 정착시키는 것이었다. 이를 위해서는 직무기술서부터 웹기반 영업관리 기법까지 모든 것을 변화시켜야 했다. 스코샤 은행은 서비스에 대한 혼란을 최소화하는 조건하에 신속하게 변화를 추진하려고 하였다.

직원들에게 전략적 변화를 보여주기 위하여, 스코샤 은행의 경영진은 세 가지 '학습안내 지도'를 구성하였다. 이 책의 중간에 있는 그림에는 스코샤 은행이 추진한 동일한 눈높이 언어를 만드는 과정이 설명되어 있다. 이 그림에는 변화의 필요성(큰 그림), 고객요구가 진화하는 과정(고객 가치), 새로운 영업 절차(전략) 등이 포함되어 있다. 이 방법은 매우 효과적이었는데 90퍼센트 이상의 직원들이 전략을 이해하게 되었고 전략의 실행과 관련하여 자신의 역할과 은행의 신규 브랜드 상태를 알게 되었다고 대답하였다. 동일한 눈높이 언어를 실행했던 그 다음 회계연도는 스코샤가 역사상 가장 성공적인 한 해였다.

뷰몽 병원

미시간 주의 뷰몽 병원Beaumont Hospitals은 지난 20여 년간 미국 내 가장 부자 마을에 있는 유일한 병원이었다. 그러나 최근 두 개의 새로운 병원이 지역에 문을 열자 뷰몽 병원은 새로운 상황을 맞이하게 되어 어떻게 대처할지를 잘 몰랐다. CEO인 켄 매칙Ken Matzick은 60여 일간에 걸쳐 이사회 멤버들을 인터뷰하고 각 부서와 현장을 방문하였다. 그의 이야기를 들어보자. "내가 깨달은 것은 바로 35년이 넘는 세월 동안 뷰몽은 훌륭한 조직으로 성장해 왔지만 매우 폐쇄적이고 벽이 높은 조직이었다는 것입니다. 그동안 우리는 내부경쟁에 치중했는데 앞으로는 외부와의 경쟁으로 초점을 옮겨야 합니다. 우리는 모든 직원에게 이러한 사실을 전파하여 세상이 바뀌고 있음을 알려주어야 합니다."

"시장이 심각하게 변화하고 있었기에 우리는 이 사실을 1만3천 여

명의 직원들에게 알려주어야 했습니다. 우리는 거대한 조직으로서 커뮤니케이션에 큰 어려움이 있었습니다. 하지만, 직원들과 직접 대화하는 것보다 더 좋은 방법은 없었지요. 고객 만족의 열쇠는 직원들에게 있습니다. 직원이 행복하면, 환자의 만족은 저절로 따라오게 됩니다. 우리는 성공에 필요한 전략적 계획을 전사적으로 의사소통해야 했습니다. 직원들을 몰입시키기 위하여, 우리는 당면한 도전과 기회를 공유할 수 있는 네 개의 '학습안내 지도'를 만들었습니다(이 내용은 이 책의 중간 부분에 있다)."

"우리는 새로운 경쟁이 어떻게 비즈니스(큰 그림)에 영향을 주는지를 보여주고 새로운 환경에서 승리하기 위한 조직계획(전략)이 무엇인지를 보여줌으로써 그와 같은 의사소통을 했습니다. 우리는 거기에 그치지 않았지요. 세 번째 학습안내 지도에서 경제에 관한 설명을 통해서 비즈니스 자금이 어떻게 마련되고, 지불할 비용은 얼마이며, 미래 성장을 위한 투자방법은 무엇인지를 각각 강조하였습니다(경제 시스템). 마지막 학습안내 지도는 환자와 그 가족에 대한 우리의 경험(고객 가치)에 초점을 두었습니다. 우리는 부서와 직종에 상관없이 다양한 계층의 사람들을 한 그룹에 묶어 토론하도록 하였고 이를 통해 사람들이 서로의 업무를 이해하고 서로 업무가 어떻게 연관되는지를 알게 하였습니다."

"이 일을 실행할 때, 처음에는 직원들이 순순히 따라주지 않았고 자신의 의견과 아집에 갇혀 있었지요. 대부분의 직원들은 뒤로 물러서서 팔짱을 낀 채 방관적 자세로 임하였습니다. 하지만 시간이 지나면서 이들이 다가와서 서로 의견을 나누게 되었고, 이를 통해 다른 부서에 있는 사람들도 자신들이 공통점을 많이 가지고 있다는 것을 깨닫게 되었지요. 이들은 자신들이 변화에 영향을 줄 수 있다는 것을 깨닫게 되었습니다. 우리는 이들로부터 많은 아이디어를 들었고 경영진들이 직원들과 대화를 위해 방문하는 활동이 자신들을 존중하는 느낌을 준다는 말을 듣게 되었습니다. 모든 직원이 조직과 연관된 존재이고 귀중하게 대우받는다고 느꼈던 것입니다."

매칙은 다음과 같이 결론을 내리며 말했다. "어느 누구도 혼자 회사를 경영할 수는 없습니다. 하지만 함께라면 가능할 수 있을 것입니다. 이러한 경험은 직원들 속에서 잠자고 있던 관심과 지적 능력 그리고 역량을 환하게 밝혀주게 되었습니다. 이들과의 양방향 대화를 통해서 전략을 재정립하고, 당면한 문제를 해결하는 지혜를 얻게 되었으며, 전반적인 오너십을 키우는 기회를 마련할 수 있었습니다."

'학습안내 지도'를 경험한 이후, 이 병원에서는 몰입과 관련된 설문조사에 직원이 참여하는 비율이 20퍼센트 증가하였고, 치열한 경쟁 환경 속에서도 리더로 자리 잡을 수 있었다.

빔 글로벌 스피리츠 앤 와인

몇 년 전, 빔 글로벌 스피리츠 앤 와인Beam Global Spirits & Wine사는 얼라이드 도메크Allied Domecq로부터 자산을 인수하여 전 세계에서 네 번째 규모의 프리미엄급 주류업체로 성장하였다. 이 회사의 경영진은 많은 시간을 들여 두 회사의 자산과 역량을 통합하였다. 새로운 회사를 출범시키기 전, 경영자는 비전을 구체화할 필요가 있다는 점을 깨달았다. 빔의 경영진은 먼저 비즈니스 현실에 대한 정의를 내리는 일부터 시작하였다. 이들은 자신들이 당면한 비즈니스에서의 도전을 강조할 수 있도록 테이블 위에서 음료수대 스케치 방식의 그림을 그려 직원들에게 보여주고 의논하게 하였다. 이 스케치 방식은 고위 경영진들의 토론을 이끌게 하여 미래의 비즈니스 방향에 대한 동일한 눈높이를 형성하는 데 큰 도움이 되었다.

아울러 이 스케치 방식을 통해서 현 상황에 대한 정의를 함으로써 새로운 비전을 조율할 수 있는 무대를 마련할 수 있었다. "사람들이 말하고 싶어하는 브랜드를 만들자." 경영진은 새 비전을 전파하기 위해 전략을 재정립하였다. 빔사의 경영진들은 전략 수립과 함께 두 개의 '학습안내 지도'를 만들어 의미있는 토론을 촉진하고 동일한 눈높이를 형성하고자 하였다. 투르 드 몽드Tour du Monde라고 불리는 큰 그림의 지도는 시장 환경의 영향을 보여주고, 빔 글로벌 비전과 전략 Beam Global Vision and Strategy이라고 불리는 전략 지도는 회사의 핵심 비전을 보여주고 있다(이 책의 중간 부분에 있음).

이 과정을 거친 후에, 빔사의 경영진은 전자 포탈 시스템을 사용하여 전략 요소들을 성과관리 절차로 전환하였다. 그에 따라 직원들은 자신의 개인목표를 조직목표와 연결시킬 수 있었고 비전에 생명을 불어넣을 수 있었다.

말이 먼저이고, 의미는 나중이다

 병원 진료실에서 전문 용어를 몰라 어리둥절해 있는 환자와 같이, 그 용어의 의미를 모르거나 자신의 행동이 미치는 결과를 모른다면 그러한 용어가 요구되는 생활에 몰입하기가 매우 어렵다. 사람들을 비즈니스 전략의 실행에 몰입시키는 것도 마찬가지이다. 용어는 모든 사람들이 똑같게 이해해야 한다. 용어는 또한 모든 직원들이 이해하기 쉬워야 하며, 그 내용은 비즈니스의 기본원칙을 반영해야 한다. 조직 전체의 일관된 용어를 만드는 것은 경영진, 관리자, 직원 모두의 책임이다.

눈높이 맞추기 총점	
경영자 하나의 공통된 시스템 관점 창조	
관리자 전략을 일관되게 해석	
직원 조직과 팀의 전략 이해	
합계 점수	

앞에 있는 표를 참고하여 경영자, 관리자, 직원들의 눈높이의 동일화 정도에 대한 점수를 매겨보고 합산하라. 그런 다음 앞 페이지에서 얻었던 점수와 비교해 보라.

만약 총점이 20~30점대라면 동일한 눈높이를 만드는 데 성공적이라 할 수 있다. 총점이 12~19점대라면 그런대로 괜찮지만 많은 개선이 필요하다. 총점이 12점 이하라면 직원들이 전략에 대한 이해가 불충분하기에 이들을 전략의 실행에 몰입시키기는 어려울 것이다.

1. 핵심 전략이나 새로운 시도의 실천에 필요한 내용을 직원들에게 전달하기 위해 어떤 노력을 해 보았는가? 이러한 내용을 직원들에게 이해시킬 때 장애물은 무엇인가? 왜 그러한가? 그 장애의 배후는 무엇이고 그 본질은 무엇인가?

2. 직원들에게 각자의 전략 실행 역할을 이해시키려 할 때, 동일한 눈높이 언어의 5가지 빌딩 블록(큰 그림, 경제, 고객 가치, 프로세스, 전략) 중에서 가장 중요한 것은 무엇인가?

3. 경영진이 공통의 정신 모델을 만들고, 관리자가 그 모델을 해석하고 전달하며, 직원들이 그 모델을 일상업무와 연결시키고 적용한다면, 여러분의 조직은 이 세 가지 역할에서 어느 부분이 가장 강한 분야인가? 어느 부분의 개선이 가장 필요한가?

4. '곰'이라는 단어를 접했을 때 떠오르는 형상은 어떤 것인가? 현재의 새로운 시도를 묘사하는 단어들은 무엇인가?(예: '탁월한 운영', '고객 만족 동인') 12명의 직원들에게 이 단어들을 보여주고 여러분이 의도하는 것과 같은 의미로 해석하는 사람이 몇 명인지를 점검해 보라. 직원들을 전략 실행에 더 효과적으로 몰입시키기 위해서는 어떻게 해야 한다고 생각하는가?

18 장

목표 연결하기

> 66 경영진이 해야 할 가장 중요한 일 중의 하나는 가급적 빨리 비즈니스 목표들을 연결하는 오너십을 개인과 집단에 만들어내는 것이다. 99

목표 설정은 매우 중요하다. 하지만 우리는 목표 설정의 진정한 가치를 종종 모를 때가 있다. 브라이언 트레이시Brian Tracy의 책《목표, 그 성취의 기술Goal》에서 인용된 하버드 MBA 졸업생들의 사례를 보자. 졸업생 중 3퍼센트만이 기술된 목표가 있다고 답했고, 13퍼센트는 목표가 있지만 이를 적어놓지 않았다고 답했으며, 나머지 84퍼센트는 구체적인 목표가 전혀 없다고 답했다. 10년 후, 목표가 있지만 기록하지 않은 13퍼센트의 졸업생들은 목표가 전혀 없는 84퍼센트보다 수입이 한 배 더 높았고, 구체적인 목표를 세웠던 극소수의 3퍼센트 졸업생들은 목표가 전혀 없는 84퍼센트보다 수입이 9배나 높았다. 이 세 그룹의 차이점은 단지 졸업할 때 세웠던 목표가 구체화되어 있는가의 차이 밖에 없었다. 이와 같이 목표 설정은 단순히 중요한 정도가 아니라, 성공의 필수요인으로서 훌륭한 성과와 보통 이하의 성과를 갈라놓는 결정적 요소가 되는 것이다.

그러나 목표 설정 훈련을 하고 있는 회사들조차 그 의도하던 바를 달성하기 어려울 경우가 있다. 그러한 경우는 바로 회사가 조직의 각 계층마다 목표를 따로 세우고 서로 연관되어 있지 못할 때이다. 대부분의 조직은 일반적으로 개인과 조직의 발전을 결합하는 목표를 세운다. 하지만 이러한 방식을 택하면 대부분은 개인 관점, 직무 관점 및 부서의 관점에 따라 목표를 세우게 된다. 이러한 방법은 본질적으로 나쁜 것이 아니지만, 조직의 목표를 전략과 연결시키는 일과 거리가 멀어지게 된다.

목표가 서로 연관되지 않을 때 어떤 일이 발생하나?

의학 사례를 보자. 인체는 여러 시스템으로 구성된 복잡한 네트워크 체계로서 생존을 위해서는 이들 시스템들이 서로 협력해야 한다. 인체는 여러 시스템으로 구성되어 있기에 어떤 면에서는 조직과 흡사하다. 인체 내의 여러 기능이 서로 조화를 이루지 못할 때 많은 건강 문제가 발생하는 것과 같이 조직에서 시스템이 시스템 취급을 받지 못하면 여러 위험 요소가 따르게 된다. 심장 치료제는 간에 부작용이 있고, 관절염 치료는 심장에 부작용이 있을 수 있다. 간단히 말하면, 여러 시스템 간의 연결 관계를 최적화할 필요가 있다는 점이다.

전략적 목표에 대한 정의를 내리고 경영자, 관리자, 직원들 간의 목표를 서로 연결함으로써 성공을 위한 초석이 마련될 수 있다. 대부분의 조직은 중요 기관에 나쁜 영향을 미치는 방안을 채택하지 않는다. 또한 팀들이 서로 다른 목표를 가지면 조직의 전반적 성과에 불리한 영향을 미칠 수 있다.

목표를 연결할 때 경영진, 관리자, 직원들의 역할과 책임을 살펴보는 일은 전략적 몰입을 가능하게 하기 위한 제 2요소가 된다. 경영진의 역할은 오너십을 촉진하는 것이고, 관리자의 역할은 팀의 노력과 기업 목표를 조정하는 것이며, 일반 직원들의 역할은 자신의 노력을 전략 목표에 연결하는 것이다. 전략적 몰입의 과정, 즉 목표를 연결하는 것이란 이 세 계층이 상호 협력해야만 한다는 점을 알려주는 것이다. 이 세 계층의 목표가 서로 연결될 때 비즈니스에서 협곡에 다리가 놓이게 되어 목적을 가진 사람들이 훌륭한 성과를 이룩할 수 있는 것이다.

경영자의 역할 : 오너십을 촉진하기

우리는 4장에서 업무량이 너무 많으면 몰입이 어렵다는 것을 배웠다. '업무에 짓눌리는 일' 은 경영진이 조직을 전체적으로 장악하지 못할 때 일어나기 시작한다. 이것은 복잡성과 비단순성이 잉태되는 곳이기도 하다. 만약 경영진이 조직 전체의 전략을 갖지 못하면, 직원들은 경영자 각자가 조직의 주목을 끌려고 하는 개인적 요구들 때

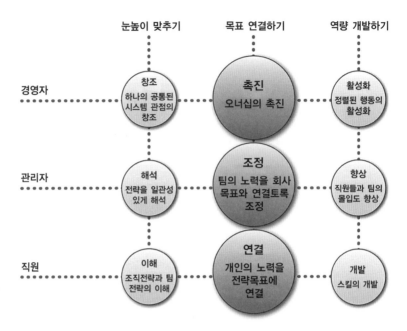

전략적 몰입 프로세스에서 목표 연결하기 단계의 내용

문에 시달리게 된다. CFO는 비용 절감에, 마케팅 부사장은 브랜드 인지도에, HR 관리자는 인력 개발에, COO는 운영 방안 개선에 각각 주력할 것이다. 직원과 팀은 서로 연관이 없는 일을 하도록 강요받게 된다. 즉 경영자들의 서로 다른 지시로 인해 모든 직원들은 서로 연결되어 있지 않은 일들을 하게 되는 것이다.

경영진이 해야 할 가장 중요한 일 중의 하나는 가급적 빨리 비즈니스 목표들을 연결하는 오너십을 개인과 집단에 만들어내는 것이다. 하지만 우리가 1천여 개의 조직과 일한 경험에 의하면, 이와 같이 실행하는 조직은 거의 없다. 경영자가 자신의 업무 목표를 제쳐 두고 조직 전체의 목표를 최우선시한다는 것은 매우 어려운 일이기 때문이다. 거의 대부분의 경영자들은 말로는 자신들의 최우선 과제가 조직 전체의 전략이라고 하지만, 실제 이렇게 행하지 않기 때문이다. 예를 들어 CFO, COO, HR 부사장 등이 존재하는 이유는 바로 이들이 특정 분야의 전문가들이기 때문이다. 이들은 자기 분야에서 탁월한 성과를 올려야 한다. 따라서 일반 리더들 간의 역학관계와 경쟁으로 인해 대부분 경영진들은 조직 전체의 전략보다는 자신의 특정 역할을 우선시하게 된다. 이런 일은 전략들이 세분화될 수 있을 때는 괜찮지만, 시장 및 기술 등 여러 분야의 전략을 한데 통합해야 하는 상황에서는 문제가 된다.

다음 페이지에서 볼 수 있는 스케치는 대부분 회사의 경영진에서 발생하는 현상을 잘 보여준다. 경영자들은 자신들의 전문 분야를 책임지고 있어 조직의 전체 목표에는 관심이 없다. 이러한 현상을 '목표 포트럭goal potluck'이라고 하는데, '포트럭'이란 각자 음식을 조금씩 마련해 가지고 오는 파티이다. 이는 음식에 비유하는 것이지만, 연관성이 없고 정리가 안 된 가벼운 이벤트를 의미한다. 대부분 경우에 사람들은 이 파티에서는 가볍게 먹고 집에 가서 진짜 식사를 하는 것이다.

이 그림이 보여주는 것은 바로 경영자가 조직 전체에 대한 오너십이나 책임의식을 제 1의 요소로 보지 않기 때문에 새로운 시책을 추진하려고 하거나 자신을 위한 일에 우선순위를 두려한다는 점이다. 경영자는 자신이 설정한 목표와 시책의 우선순위와 속도, 그 결과들을 조직 전체의 일보다 중요시하고 있는 것이다. 그렇게 하지 않으

리더는 조직을 위한 우선순위를 먼저 가져야 한다.

면, 자원 쟁탈전, 관심 쟁탈전, 생존 쟁탈전, 소멸 방지 쟁탈전, 자신의 일에 직원을 몰입시키기 쟁탈전이 벌어지게 된다.

이러한 일이 일어나는 또 다른 사례를 보자. 어느 대형 도매업체는 회사 운영을 위한 성과기록 카드를 만들어 여기에 재무지표, 고객지표, 종업원 지표 및 프로세스 지표를 포함시켰다. 그중 한 가지 중요한 지표는 관리자와 직원의 이직률이었다. 이 회사는 이 지표 수준이 산업 규정보다 높은 상태였기에 종업원 유지비율을 중요하게 강조하고 있었다. 많은 관리자들이 이 이직률을 낮춤으로써 포상을 받았다. 유지는 인사부서에서 관리하였고, 이직 지표는 비즈니스의 최우선 목표가 될 정도로 매우 중요해지게 되었다.

궁극적으로 보면, 관리자들은 비즈니스에 적합하지 않은 사람들도 유지하기를 계속함으로써 이 지표를 유지하고자 하였다. 그 결과 다른 목표들은 중시되지 않았으며 비즈니스에 적합하지 않은 사람들이 계속 남아있게 되어 부정적 영향을 미치게 되었다. 경영진은 이직률 감소라는 한 가지 측면만 너무 강조하여 비즈니스에 최선이 되는 것을 확보하지 못하였다. 즉 이 회사는 처음에는 비즈니스의 모든 핵심 지표들을 다루었지만 나중에는 한 가지 지표만 집중하여 다룸으로써, 결국은 조직 전체를 고려하지 못하는 오류를 범하고 만 것이다.

또 다른 사례를 보자. 어느 대형 기술회사 경영진은 여러 분야의 우수한 대표 전문가들로 구성되어 있었다. 이들은 아주 뛰어난 사람들이어서 새로운 비즈니스를 신중하게 계획하였고 이를 실행할 수 있는 역량도 갖추고 있었다. 종합적인 전략 방향을 마무리하려는 순간, 이들은 그 전략이 조직을 전체적으로 고려하지 못하고 있음을 발견하였다. 이들은 많은 시간과 자원을 소비하여 각자의 업무 계획에만 몰두하였고, 조직 전체는 고려하지 않았던 것이다. 전문팀마다 5~8개의 비즈니스 과제가 들어 있었는데, 이는 직원마다 연간 평균 25~40개 전략 과제를 이행해야 한다는 점을 의미한다. 이렇게 많은 과제들을 한 사람이 1년 동안 실행한다는 것은 거의 불가능한 일이다. 직원들은 '역기능적인', '조율되지 못한', '과욕을 부리는' 등과 같은 불만을 토로하였다. 문제는 각 팀의 전문경영자들이 자신의 업무에만 몰두하고 조직 전체의 상황은 고려하지 않았다는 점이다.

경영진이 조직을 전체적으로 장악하려면 조직의 전반적인 목표에 끊임없이 우선순위를 메기고, 목표를 간소화하며 통합해야 한다. 이들은 또한 직원들이 할 수 있는 일에 지속적인 초점을 두어야 한다. 때로는 조직의 전체 전략을 위해 자기 분야를 희생시킬 필요가 있다. 사실 조직 전체를 지속적으로 장악하는 경영자는 거의 없다. 계획 수립의 절차가 끝나면 경영자들은 대부분 자신들이 맡은 분야만 몰두한다. 모든 부서의 목표를 다 실행하려면 조직은 거의 쉴 틈이 없어지고, 관리자와 직원들은 끊임없는 조직의 요구에 대응하느라 몰입이 불가능해지게 된다.

비즈니스의 중요 목표를 장악하는 측면에서, 여러분 회사의 경영자는 얼마나 잘하고 있는지를 진단해 보자.

오너십의 측진 목표 연결하기 경영자	충분 (3점)	가능 (1점)	부족 (0점)
경영자는 회사의 목표가 달성될 때 직원들의 노고를 인정해 준다.			
경영자는 회사의 고위 수준에서 전략과 목표를 조정하는 일을 잘하고 있다.			
경영자는 모든 부서에 대해 명료하고 합리적인 우선순위를 선정한다.			
합 계	+	+	=

관리자의 역할 : 팀의 노력과 회사 목표를 조정하기

일단 경영진 수준에서 관점이 정렬되면, 관리자 수준에서는 목표를 이해하고 팀의 노력을 조직의 전반적인 목표와 조화시켜 직원들의 협력을 통해 최대의 성과를 이룩하여야 한다.

훌륭한 관리자는 자신들의 집단 목표를 조직의 전체 목표와 정렬시켜야 한다. 이것이 말처럼 쉽지는 않다. 이것은 조직 목표를 집단의 목표로 전환시킬 때 가능하다. 관리자는 자신이 이끄는 팀원들에게 조직의 전체 목표와 이를 지원하는 집단의 목표를 알려주어야 한다. 관리자는 시각 자료, 성과 기록, 팀원들 간의 토론, 측정 지표 등을 이용하여 이를 효과적으로 실행할 수 있다. 팀은 결과를 위한 관리를 해야지, 프로젝트 관리를 위주로 해서는 안 된다. 프로젝트는 너무나 쉽게 그 자체가 수단이 아닌 목적이 되어버리기 쉽기 때문이다. 다음 사례를 보자. 미국 어느 은행의 신용카드 발행 부서는 세 개의 그룹으로 나뉘었는데, 이들 그룹들은 부서의 전체 성과에 모두 큰 영향을 미쳤다. 문제는 은행, 부서 및 그룹의 목표를 서로 연결하는 것이었다.

신용카드 부서는 우선 세 개의 '학습안내 지도'를 이용하여 동일한 눈높이를 만들려고 하였다. 첫 번째 지도로는 신용카드 시장의 전체 그림을 보여 주었고, 두 번째는 신용카드 부서가 어떻게 은행의 재무 수익 창출에 기여하는지를 보여 주었으며, 세 번째는 은행의 전체 전략과 목표를 보여 주었다.

신용카드 부서의 목표와 그룹의 목표를 서로 연관시키기 위해 관리자는 팀 회의를 소집하여 부서의 전략과 목표가 어떻게 그룹의 활동 배경이 되는지를 보여 주었다. 각 그룹에는 전략 지도와 부서의 전반적 목표를 그린 포스터가 있었다. 포스터는 팀별로 맞춤식으로 만들어졌으며 팀의 목표를 보여주었다. 관리자는 이 포스터와 함께 안내 자료를 가지고 미팅을 소집하여 각 팀이 어떻게 부서의 전략에 기여하는지 설명하였다. 회의에서는 실행 아이디어를 어떻게 브레인 스토밍할지, 실행 항목의 우선순위를 어떻게 매길지, 팀과 부서의 전략에 도움이 될 개인 목표를 어떻게 설정할지를 토론하였다. 안내 자료에는 전 부서들이 동일한 틀과 우선순위를 갖도록 하였다. 관리자들은 포스터를 사무실에 걸어 놓아 직원들이 그 진행상황을 알 수 있도록 하였다. 직원들은 일지에 결과를 기록하고 개인의 계획과 성과를 추적하였다.

이러한 노력으로 신용카드 부서는 획기적인 성과를 거두었다. 직원 설문조사에 의하면, 부서의 비즈니스와 은행의 전반적인 전략이 어떻게 정렬되는지를 이해하였다고 대답한 직원들이 압도적으로 많았다. 95퍼센트 이상의 직원들이 핵심전략을 더 잘 이해하게 되었다고 대답하였다. 이들은 전략과 자신들의 업무가 어떻게 서로 연관되며, 자신들의 행동이 서비스 품질에 어떻게 영향을 미치는지, 그리고 직원들의 일상 업무가 어떻게 전략에 기여하는지를 이해하게 되었다. 만약 관리자가 그룹의 목표를 회사의 목표와 연관시키기 않았다면 많은 직원들은 자신들이 어떻게 조직의 전반적인 목표에 기여하는지를 모르고 지나갔을 것이다.

목표	목적	실행계획
• 고객확보율 25% 제고 • 고객만족도 100% 달성 • 전자거래방식 확대	고객에게 혁신적 상품과 사업의 실질적 가치를 만드는 프로세스를 제공함	• 자문역할의 확대 • 기술력 향상 • 신상품 설계

우리가 이뤄야 할 것

능력	측정	2007 실제	2008 목표	Q1	Q2	Q3	Q4
유능한 직원의 확보와 유지	이직률	43%	35%				
	다양성	85%	90%				
고성과형 문화창조	국내사업	62%	68%				
	해외사업	72%	83%				
고객의 재무적 요구사항 실현지원	신규계정	12%	15%				
	폐쇄된 계정	10%	9%				

전체의 목표를 위해 팀 목표를 연결하는 데 도움이 되는 방법

목표 연결하기 관리자	충분 (3점)	가능 (1점)	부족 (0점)
관리자들은 아무런 문제없이 회사 내의 타부서와 잘 조율한다.			
관리자들은 적절한 시간이 필요한 현실적인 작업일정을 짠다.			
관리자는 직원들의 성과가 좋으면 그들을 직접 칭찬·인정해준다.			
합 계	+	+	=

이제 여러분은 자신이 소속된 조직의 관리자가 어떻게 팀의 노력을 조직의 목표와 연관시키고 있는지를 평가해 보라

직원 : 개인적 노력을 전략 목표와 연결시키기

3장에서 우리는 몰입의 근원에 대해 설명한 바 있다. 즉 사람들은 더 큰일에 참여하기를 바라고, 소속감을 갖기를 원하며, 의미 있는 일을 하기를 원하고, 더 큰 영향력을 미치고 싶어 한다. 그 중에서 마지막 사항은 가장 중요할지도 모른다. 즉 직원들은 자신이 하는 일이 비즈니스 성과에 기여한다는 사실을 알고 싶어 하는 것이다. 자신의 노력이 중요한 결과를 낳는다는 것을 인식하면 직장은 단순한 '일터'로만 느껴지지 않게 될 것이다.

몇 년 전 우리는 자동차 부품공급 회사와 함께 일한 적이 있었다.

이 회사의 목표 중 하나는 직원들에게 시장의 변화에 대한 내용을 교육시켜 이 변화가 회사의 입장에서 볼 때 어떤 의미가 있는지를 생각하게 하였다. 현장 직원들을 대상으로 한 포커스 그룹 미팅에서 어느 건장한 남자가 흥분된 어조로 말하였다. "저는 이 회사에서 20여 년간 근무하였습니다. 20여 년간 저는 단지 이래라저래라 하는 지시만 받아 왔습니다. 비즈니스에 대한 저의 의견을 요청받기는 이번이 처음입니다. 더 중요한 것은, 제가 처음으로 나 자신이 소중하다는 점을 느꼈고 제가 하는 일이 고객에게 어떻게 도움이 되는지를 깨달았다는 점입니다."

이 사람의 말은 매우 깊은 의미를 남기고 있다. 왜냐하면 현장 직원들이 자신의 업무를 비즈니스 성과에 연관시키고자 할 때 비슷한 경험들을 많이 하기 때문이다. 불행하게도 많은 현장 직원들은 자신의 업무가 어떻게 조직의 전략과 연결되는지를 잘 모른다. 이들은 누군가가 업무 지시를 내려 주기를 인내심을 가지고 또는 초조해하면서 기다린다. 만일 지시가 없을 경우에는 자신들이 스스로 처리한다. 모든 것이 급속히 변하는 오늘날, 직원들이 현장에서 의사결정을 하려면 그것은 조직의 전략과 일치하도록 해야 한다. 전략을 이행하는 사람은 현장 직원이지만, 만약 이들이 조직의 목표를 모른다면 어떻게 의사결정을 해야 할지 그리고 어떻게 행동해야 할지를 모르게 된다. 만약 관리자가 현장 직원들에게 이들의 업무가 조직의 큰 그림과 어떻게 연결되는지를 알려주고 이들에게 개인적인 업무 목표의 우선순위를 정할 수 있는 기회를 준다면, 이들은 더욱 효과적으로 조직의

목표 연결하기 직원			
	충분 (3점)	가능 (1점)	부족 (0점)
직원들은 개인적 경력목표와 회사의 목표를 동시에 충족시킬 수 있는 일을 얻는다.			
직원들은 회사에 중요하게 기여하는 책임을 갖는다.			
직원들은 이에 대한 책임·작업방법·목표 등에 대해 영향을 미치는 전략적 결정에 의견을 제시할 수 있다.			
직원들은 객관적 측정방식을 활용하여 자신들의 팀의 목표를 달성할 수 있도록 업적들을 추적·관리할 수 있다.			
합 계	+	+	=

전략 목표를 달성할 수 있을 것이다.

자 이제, 여러분 회사의 직원들이 어떻게 개인목표를 전략목표와 연결시키는지를 평가해 보라.

전사전략에서부터 시작하는 목표를 만들기 위해서는 경영자, 관리자, 일반 직원 순으로 서로 긴밀하고 단계적으로 내려가는 목표들을 설정해야 한다. 목표설정이 중요한 일이라면, 목표들을 서로 연결하는 것은 더욱 중요한 일이다.

다음의 점수표에 따라 경영자, 관리자, 일반 직원들에 대해서 '목표들을 연결하기'에 대한 점수를 구해보라.

총점이 20~30점이면 목표들 간에 연결이 잘 되어 있는 것이고, 총점이 12~19점이면 목표의 연결이 무리 없기는 하지만 개선이 필요하

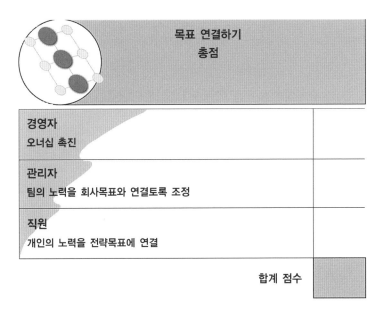

목표 연결하기 총점	
경영자 오너십 촉진	
관리자 팀의 노력을 회사목표와 연결토록 조정	
직원 개인의 노력을 전략목표에 연결	
합계 점수	

며, 총점이 12점 이하이면 목표들의 연결이 잘 이루어지지 못했다고

볼 수 있다.

1. 여러분의 고위 경영진이 조직 목표에 대한 전사적 주인의식을 조성하는 활동에 대해 몇 점을 주고 싶은가?(1점~10점) 그 점수가 타당한지 어떻게 점검할 수 있는가?

2. 1번 질문의 대답과 관련하여 상실된 자원이나 잃어버린 기회를 어떻게 측정할 수 있는가?

3. 조직의 중요 목표를 달성하려면 우선순위 부여, 간소화, 여러 활동의 통합 등이 필요하다. 이렇게 하지 않아 발생하는 '업무증가'가 현재 어느 정도라고 설명할 수 있는가?

4. 팀의 목표와 조직 전체 목표 간의 가장 현저한 갭gap은 무엇이고 이 갭은 어디에 있는가? 팀 목표와 조직 목표를 연결하기 위해 어떻게 해야 하는가?

5. 여러분 부서의 직원들은 다음 질문에 어떻게 대답할 것 같은가? "회사가 가는 방향에 저의 일들이 부합되게 하려면 어떻게 해야 되죠?", "제가 어떤 부분을 잘해야 한다고 생각하십니까?"

19 장

역량 개발하기

> ❝ 경영진 역시 전략의 변화는 자신을 포함한 모든 계층의 행동 변화가 요구된다는 점을 알아야 한다. ❞

최근, 나는 포춘이 선정한 500대 기업에 속하는 모 회사의 HR담당 부사장과 흥미로운 대화를 나눈 바 있다. 그의 말에 의하면, 고위 경영진의 책임은 회사의 시장 규모 성장에 근거하여 자신들의 의사결정과 행동을 평가하는 일이었다. 그에 의하면, 주주 가치에 중요한 영향을 미치는 사람들은 월스트리트 애널리스트들로서 이들은 회사를 추적 조사하여 그 회사의 미래성과를 예견하는 책자를 발행한다. 월스트리트 분석가들은 여러 회사에 대한 추적 조사를 통해 팔아넘겨야 할 회사인지, 현 상태를 유지해야 할 회사인지, 사들여야 할 회사인지를 진단한다. HR담당 부사장은 이렇게 말하였다. "점점 많은 월스트리트 애널리스트들이 저에게 전화를 걸어와 우리 회사 직원들의 역량을 알고 싶어 합니다. 이들은 우리의 전략적 '로드 맵'에 관심이 있는 것이 아니라 우리 직원들이 전략적 '로드 맵'을 실행할 능력이 얼마나 되는지를 알고 싶어 합니다. 이들은 또한 우리가 전략 실행 능력을 높이기 위해 무엇을 하고 있는지를 알고 싶어 하며, 전략 실행 능력이 있는지를 심도 있게 조사하기도 합니다."

이 대화는 회사가 전략 실행에 필요한 역량을 개발하는 일이 점점 중요해지고 있다는 점을 보여 주고 있다.

험프티 덤프티의 재발견

지난 수십 년간 가장 놀라운 발견은 바로 학습활동 및 역량 개발 노력이 조직의 전략과 종종 따로 놀았다는 점이다. 회사는 직원들을 훈련시키는 일을 잘 할 수 있었지만, 문제는 "그 훈련이 무엇을 위한 훈련이었는가 하는 것이다." 훈련의 질이 아무리 좋아도, 만약 그것이 전략 실행에 도움이 되지 못한다면 아무 소용이 없다. 전략 실행에 필요한 역량 개발은 그 전략을 수립하는 사람들의 책임이다.

대부분의 회사에서 경영진은 경영진 세미나에 참가하고, 관리자는 코칭 훈련에 참여하며, 일반 직원들은 업무에 필요한 새로운 기술을 학습한다. 하지만 이러한 학습경험이 조직의 변화 전략과 무슨 연관이 있을까? 경영자, 관리자, 직원은 조직의 목표에 필요한 기술을 어디에서 배우게 되는가?

앞 장에서 보았듯이 전략적 몰입에는 세 가지 단계가 있는데, 첫째는 눈높이를 동일하게 맞추는 것이고, 둘째는 목표들을 서로 연결하는 것이며, 세 번째는 역량을 개발하는 것이다. 이 세 가지 단계가 결합되면 바로 전략적 몰입의 절차가 이루어지는 것이다. 역량 개발 단계에는 다음과 같은 세 가지 동인들이 있다. 경영자는 행동이 정렬되도록 해야 하며, 관리자는 직원들과 팀의 몰입을 높여야 하고, 직원들은 자신들의 능력을 개발해야 한다.

경영자 : 행동을 정렬시키기

전략의 실행에 도움이 되는 새로운 능력개발은 관리자나 직원들에

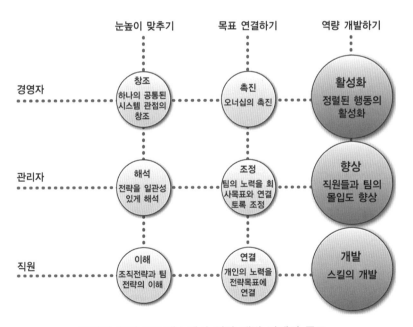

전략적 몰입 프로세스에서 역량 개발 단계의 목표

게만 해당되는 것은 아니다. 경영진 역시 전략의 변화는 자신을 포함한 모든 계층의 행동 변화가 요구된다는 점을 알아야 한다.

우리는 경영자에게 항상 이렇게 조언한다. "여러분이 기다리는 것은 영원히 오지 않을 것입니다." 경영자가 기다리는 것은 직원들이 불편을 감수하고서 신규 전략 실행에 필요한 정서적 및 행동적 변화를 이루어내는 것이다. 경영자에게 전략적 변화는 단지 지적 능력이 요구되는 정도에 불과한 것일 수 있다. 경영자들은 종종 컨설턴트를 고용하여 미래의 비즈니스 선택 방향을 기획해 보도록 함으로써 전략을 수립하는 일을 시작할 수 있다. 이들은 성장 기회가 무엇인지에 대해 깊이 고민하고, 소비자 요구에 어떤 변화가 있는지를 발견하며, 장래 가능한 최선의 수익 창출 방안을 평가해 본다. 이러한 것들은 전략을 정의하거나 재정립하는 핵심 정보이자 열쇠에 해당한다.

한 가지 빠뜨린 점은 바로 어떻게 그 전략을 실행할 것인지에 대한 인간적 요소이다. 경영자는 종종 자신과 직원들의 행동 변화가 중요하다는 점을 깨닫지 못한다. 더 한심한 일은 이들이 전략 실행에 필요한 행동 변화에는 크게 신경쓰지 않는다는 점이다. 행동 변화에 몰입하지 않게 된다는 것은 직원들이 행동 변화를 하지 않아도 되도록 허용하는 것이기 때문에 그런 전략은 뿌리를 내릴 수 없다.

새로운 행동을 정렬시키고 이끄는 경영자의 의지는 전략 실행의 속도에 막대한 영향을 미친다. 경영자는 과거의 행동을 가지고 새로운 전략을 실행할 수 있다고 생각해서는 안 된다. 전략을 지원하도록 정렬된 행동은 다른 직원들에게 하나의 연결통로처럼 비쳐질 수 있다. 관리자와 직원들은 이 통로를 통하여 바로 경영자가 어떻게 전략을 성공시키는지를 볼 수 있다. 모든 직원들은 그들의 행동에서 모순점을 주시하면서 경영자가 어떻게 하는지를 기다려보는 것이다. 다음 사례를 보자.

텍스트론Textron의 회장인 루이스 캠벨Lewis Campbell의 말이다. "그 모든 것은 실체를 어떻게 정의하는가로부터 시작됩니다." 텍스트론은 120억 달러의 자산을 가진 거대기업으로서 2001년 1월 17일을 기점으로 대규모 변화를 시작하였다. 그날부터 캠벨은 새로운 전략을 이행하기 시작하였다. 그전에 이 회사는 수익이 급락하였고 성장은 멈추어 버렸다. 많은 재무 전문가들은 위험을 분산하려는 비즈니스 모델에 대해 회의적이었다. 플로리다 주에서 개최되었던 한 유명한 회의에는 150명의 경영진이 참여하여 텍스트론의 새 전략에 대해 토론을 벌였다. 대담하면서도 가능한 한 있는 그대로를 이해하려는 분위기 속에서 캠벨과 그의 고위 경영진은 자동응답 시스템을 통해 모든 회의 참가자들이 중요 문제에 대해 익명으로 응답할 수 있게 하였다. 한 가지 질문이 있었다. "새 전략을 고려할 때, 당신은 친구와 친지들에게 텍스토론에 투자하라고 권하고 싶습니까?" 모든 회의 참가자들이 투표한 이후, 결과는 회의장에 비치된 스크린에 즉시 공개되었다. 150명의 경영진 중에서 거의 80퍼센트가 "아니요"라고 답을 했던 것이다.

이 회의 후, 캠벨은 통찰력 있는 한마디를 던졌다. "조직이 변화하려면 우선 자신부터 변해야 합니다. 우정, 기존의 관계, 경영자의 직위 등의 한계를 뛰어넘어야 합니다."

경영진의 핵심 역할은 정렬을 이루어내는 것 그 이상의 것이라는 점을 깨달은 캠벨은 경영진 회의를 소집하고 직원들에게 기대했던 행동 변화를 자신이 직접 선도해야 한다고 말했다. 그는 경영진에게 자신의 기대를 명확히 전하고 그 길을 가는 데 있어 과거의 관계에 얽매이지 않겠다고 강조하였다.

캠벨은 그 회의에서 우선 텍스트론 경영진의 행동을 스케치한 그림을 사용하여 조직과 직원들의 잠재력이 말살되는 현실을 언급하였다. 다음 음료수대 그림에서 볼 수 있듯이 경영자들은 '의사결정 테이블'에 둘러 앉아 마스크를 끼고 속내를 숨기고 있다. 이들은 '갈등 회피의 물'을 마시면서 중요 이슈들을 공개하지 않고 있다. 이들은 중요 문제를 의논하고 싶으면 CEO의 좌석 뒤에 비치된 박스에 "따로 의논드릴까요?"라는 쪽지를 집어넣는다. 일부 부서장들은 왕따당한 것처럼 '어린이용 테이블'에 둘러 앉아 있고 중요 이슈에 관한 대화에 끼이지도 못한다. 어떤 이들은 '낡은 규범'에 따라 "나는 내가 해야 할 일을 다 했으니 건드리지 마세요."라는 방어적인 태도를 취하고 있다. 의논해야 할 주제는 테이블에 놓여 있지만 뚜껑으로 꽉 닫혀 있다. 새로운 전략을 실행하려면 네트워크화된 연결망을 필요로 한다는 점을 감안할 때, 이 그림에서 가장 눈에 뜨이는 것은 두 의자의 뒷면에 쓰여진 구절이다. 이 구절은 절반의 사람들은 함께 할 것을 원하고 있고, 다른 절반은 헤어지기를 원하고 있다.

이 그림을 경영자들에게 보여주자 그들의 첫 반응은 이러하였다.

사실을 그림으로 표현하면 무시하기 힘들다.

"너무 과장되었어!", "공정하지 않아!" 몇 분간의 침묵 끝에, 어느 대담한 사람이 말을 꺼냈다. "아시다시피, 이러한 행동들이 바로 우리의 성공을 가로 막고 있습니다. 우리가 경영진으로부터 좋은 평을 받지 못한 것도 바로 이러한 행동 때문입니다." 그 다음 이 그림과 비슷한 경험을 했던 항목에 대해 체크 표시를 하라고 직원들에게 요청하자 총 20개 항목이 체크되었다. 따라서 이 그림은 텍스트론의 현실을 잘 반영하고 있으며 직원들의 행동을 정렬시켜 전략적 변화를 이끌어야 함을 보여주었다.

어느 경영자가 말하였다. "우리는 이러한 내용을 다른 회의에서도 접했었지만 그림으로 보니 현실을 무시할 수 없군요. 이에 대처하기 위해 무언가를 해야겠다는 생각이 듭니다." 이에 따라 이 그룹은 만장일치로 비즈니스의 전략적 변화를 위한 구성원들의 행동 변화 강령을 제정하고, 개인마다 이러한 행동 변화를 책임질 수 있도록 단계별로 관리하였다. 일부 경영자들에게는 이 절차가 매우 불편하고 큰 변화를 요구하는 것이었다. 전략적 변화에 필요한 행동 강령을 준수하지 못한 사람들은 퇴직을 권고받았고, 그 과정은 매우 인도적이고 도덕적으로 처리되었다.

150명의 경영진이 모인 그 다음 회의에서 캠벨과 경영진은 이 그림을 공개하면서 정렬되지 않았던 자신들의 행동과 그에 대한 구체적인 대응방안을 공유하였다. 경영진은 다음의 세 가지 결론을 도출하였다. 1) 우리가 여러분에 대해 말했던 내용들을 여러분들이 정말 이해하고 있는지를 우리가 확신하지 못할 수도 있다. 그러나 2) 여러분이 자신들의 문제점을 공개하고 그 문제를 해결하고자 하는 그와 같은 용기와 의지에 대해서는 매우 고무적이다. 3) 만일 고위 경영자들이 불편을 감수하고 새로운 전략을 위해 자신의 행동을 바꾼다면 우리들도 여러분을 따라 배울 것이다.

2006년, 캠벨은 CEO 매거진의 표지인물로 선정되었고 텍스트론의 성공적인 개혁도 함께 소개되었다. 2007년이 되자 텍스트론의 주가는 26달러에서 100달러 이상으로 급등하였다. 만약 캠벨과 텍스트론의 고위 경영진이 현실을 직시하지 않고 자신들의 행동을 재정립하지 않았다면 이러한 회생은 불가능했을 것이다.

경영진이 조직 전략을 위한 공동의 정신 모델을 개발했다면, 경영

역량 개발하기 경영자			
	충분 (3점)	가능 (1점)	부족 (0점)
경영자는 성과목표와 품질 기준에 대한 일관된 정보를 제공한다.			
경영자는 조직에 정직하고 도움이 되며 시의 적절한 전략적 정보를 보내준다.			
경영자는 내부정치, 편애, 내부투쟁 등의 문제를 일으키지 않는다.			
합 계	+	+	=

진은 반드시 자신들의 행동이 전략과 위배되지는 않는지 점검하여야
한다.

자, 이제 다시 위의 표 '역량 개발하기 : 경영자'를 이용하여 여러
분이 속해 있는 조직의 경영자에 대해서 평가해 보라.

관리자 : 직원들과 팀의 몰입을 제고하기

대부분의 조직에서 전략 실행을 강화하려할 때 가장 신경쓰지 않았
던 부분은 아마도 관리자일 것이다. 전략적 성장을 위한 고위 경영진
의 열망을 현장에서 실천 행동으로 전환할 때, 관리자들은 중요한 연
결고리가 된다. 그러나 많은 관리자들은 자신감, 경험 및 필요한 도
구들이 부족하여 직원들을 조직의 전략에 몰입시키는 데 실패한다.

관리자의 역할은 결코 쉽지 않다. 이들은 정보를 입수하고 전달해야 하는 일을 동시에 해야 하는 위치에 있다. 이들은 조직의 전략을 해석하여 직원의 실제 업무와 연결되도록 해야 한다. 관리자는 직원과 팀을 몰입시킴으로써 전략의 실행에 가장 큰 영향을 줄 수 있다. 하지만 촉망받는 직원에서 유능한 관리자로 탈바꿈하는 데는 많은 시간이 걸리므로 이 역할은 결코 쉽지 않다. 이것은 자신이 훌륭한 공헌자가 된다는 것과 사람들을 몰입시키는 데 훌륭한 역할을 하는 사람 간의 차이이다. 훌륭한 공헌자는 한 개인의 문제이지만, 사람들을 몰입시키는 관리자의 역할은 그들을 더욱 총명하고 자신감 넘치며 능력 있는 사람으로 양성하는 것이다. 이것은 "어떻게 하면 경쟁에서 승리하여 최고 직원이 될 것인가?"라는 마음가짐으로부터 한

바이올린을 연주하면서 동시에 오케스트라를 지휘하는 것은 너무 어렵다.

단계 더 나아가 "어떻게 부하직원들을 도와 직원들의 전략실행 능력을 한 단계 더 높일 것인가?"라는 마음가짐으로의 전환이 필요하다. 오케스트라에서 수석 바이올리니스트의 역할은 최고의 바이올리니스트가 되는 것이다. 하지만 지휘자의 역할은 모든 연주자들의 잠재력을 개발하여 최고 수준으로 만드는 것이다. 이러한 차이는 매우 중요하다. 이 차이점을 이해하지 못하면 지휘자의 역할은 자신의 바이올린만 열을 올려 연주하는 것과 같이 된다.

관리자가 직원을 몰입시키기 어려운 한 가지 이유는 바로 이들이 어떻게 직원을 몰입시켜야 하는지에 대한 방법을 잘 모르기 때문이다. 관리자들은 직원들에게 어떻게 일해야 잘 하는 것인지를 보여 주는 일은 쉽다고 말한다. 관리자는 직원들이 업무에서 어떤 부분이 실수하기 쉽고 어떤 부분이 개선이 필요한지를 안다. 하지만 관리자들은 이렇게 말한다. "나는 직원들에게 어떤 질문을 해야 할지 모르겠습니다. 또 직원들의 질문에 어떻게 대답해야 할지도 잘 모르겠구요. 나는 어떻게 해야 직원들이 우리가 말할 때까지 기다리지 않고 스스로 할 일을 찾아 하게 할 수 있는지 잘 모르겠어요." 관리자에게 필요한 역량은 바로 직원과 팀을 몰입시켜 전략을 더욱 잘 실행하도록 하는 것이다. 다음 사례를 보자.

미국 서부의 유통업체인 앵커 블루Anchor Blue사가 심각한 비즈니스 도전에 직면했을 때, 이들의 첫 번째 목표는 경영자와 점포 관리자를 양성하여 이들로 하여금 직원을 조직 전략에 몰입시키는 역할을 잘 수행하도록 하는 것이었다. 이들의 전략은 점포 면적당 수익성장률과 총매출을 대폭 높여 동종업체와 당당히 겨루는 것이었다. 이 계획은 관리자들이 직원을 몰입시키는 능력을 높여 가게의 판매량을 증가시키는 것이었다. 앵커 블루사가 경영자와 관리자의 몰입 능력을 양성시키는 방법은 신중한 자아평가로 자기자신 이해하기, 비즈니스의 큰 그림 이해하기, 동료와 팀을 전략에 몰입시키기, 기업문화 유지하기 등 네 개의 분야로 나눈다.

앵커 블루사는 팀과 직원을 몰입시키는 경영자와 관리자를 양성하려면, 이들이 본받아야 할 역할 모델이 필요함을 깨달았다. 그러자 이 회사는 그에 필요한 기법에 대해 토론을 벌이고 그 중 일부를 자신들의 상황에 적용해 보려고 하였다. 관리자들이 자신들의 생각의 구조를 확립하고 훈련을 통해 새로운 기법을 기르기 위해 효과적 사례를 찾는 과정에서 이 회사는 일련의 영화 장면들을 수집하였다. 관리자들은 소집단별로 영화 장면들을 보면서 다양한 영화 장면들이 어떻게 직장에 적용될 수 있는지를 토론하였다. 한 사례를 보자.

〈죽은 시인의 사회Dead Poets Society〉라는 영화는 보수적인 고등학교의 교사인 존 키팅John Keating의 이야기를 다루고 있다. 키팅은 학생들에게 영어만 가르치는 것이 아니었다. 그는 도발적 사례들을 보여주면서 학생들이 스스로 생활을 변화시키도록 영감을 주었다. 영화의 한 장면 중, 키팅은 책상 위에 올라서서 세상에 대한 '높은 안목'의 중요성을 시범적으로 보여 준다. 이러한 '높은 안목'은 학생들이 언제나처럼 걸상에 앉아서 보는 것과는 차이가 있었다. 키팅이 학생들에게 인생의 큰 그림을 볼 수 있도록 영감을 주듯이, 경영자와 관리자도 직원들이 비즈니스의 큰 그림을 볼 수 있도록 도와줄 수 있다. 관리자들이 직원들을 도와 비즈니스에 관한 '관점을 높이는 것'이 바로 몰입의 핵심이다.

영화의 또 다른 한 장면에서 키팅은 학생들을 학교 트로피가 전시되어 있는 곳으로 데리고 가서 "카르페디엠carpe diem(현재에 충실하라, seize the day)"이라는 아이디어를 생각해 보게 한다. 자신들의 능력으로 뛰어난 성과를 이룬 사람에 대해서 이야기하며, 키팅은 학생들도 그들처럼 이 세상을 위해 무엇을 할 수 있는지를 생각해 보게 한다. 이와 마찬가지로, 경영자와 관리자들도 일상 업무를 통해 대단한 일을 할 수 있음을 깨달을 수 있다.

키팅이 자신의 학생들을 몰입시킨 카리스마적 사례는 관리자들에게 훌륭한 모델이 되었다. 즉 관리자들도 비즈니스 전략 몰입에 직원들이 기여할 수 있는 부분을 알려주어야 함을 보여주었다. 〈죽은 시인의 사회〉의 키팅이든, 직원 몰입 능력을 갈고 닦는 관리자이든 이 방법을 통해 관리자는 직원들이 크게 생각하고 조직에 큰 공헌을 할 수 있다는 점을 깨닫게 할 수 있다.

또 하나의 사례는 미식축구 코치 허만 분Herman Boone이 1971년 버지니아의 한 고등학교에서 인종차별을 극복하면서 겪은 이야기를 각색한 영화 〈리멤버 타이탄즈Remember the Titans〉이다. 펜실베이니아주의 미식축구 정규리그 개막 전 전지훈련 중에 분은 이른 아침 팀을 이끌고 남북전쟁터였던 게티스버그 전투장까지 달려갔다. 분은 5만여 명이 이 전투에서 어떻게 죽었는지를 설명하면서, 지금 자신들이 똑같은 꿈을 가지고 싸우고 있다는 이야기를 들려줌으로써 흑백으로 구성된 팀원들에게 큰 감명을 주었다. 그는 또한 팀원들이 서로를 존경하고 함께 하지 않으면 성공할 수 없다고 강조하였다.

분이 미식축구 팀원들을 격려하여 챔피언으로 만든 것처럼, 앵커 블루사의 관리자들도 성공에 필요한 몰입, 태도 및 행동이 매우 뛰어났던 앵커 블루 팀원들과 이야기를 공유하기 시작하였다. 그리고 난 다음 영화 〈리멤버 타이탄즈〉에서 영감을 받은 관리자들은 전략을 살아 숨 쉬게 만드는 과정에서 자신들이 경험한 성공과 실패 사례를 공유하기 시작하였다.

자, 이제 여러분이 속한 조직의 관리자들은 직원과 팀을 어떻게 몰입시키고 있는지를 평가해 보라.

역량 개발하기 관리자	충분 (3점)	가능 (1점)	부족 (0점)
관리자는 부하들을 동기부여하고 몰입시키는 행동을 보여준다.			
관리자는 권한을 위임하여 부하들이 회사를 위한 중요한 기여를 가능하게 한다.			
관리자는 팀내 다양한 의견을 팀의 의사결정과정에 통합하는 일을 한다.			
합 계	+	+	=

직원 : 역량 개발하기

직원들이 일단 조직의 전략을 이해하고 그와 관련된 자신들의 역할을 이해하게 되면, 이를 자신들의 일상 업무에 적용할 수 있다. 그러기 위해서는 판단 능력과 자신감을 키울 수 있도록 자신들이 이해한 것을 직접 행동으로 실천할 수 있어야 한다. 전략을 실행하기 위해서는 그와 같은 능력을 키우는 것이 필요하다. 이 점에서 우리는 조직 전략 실행에 필요한 역량을 개발하는 활동이 매우 부족했음을 알 수 있다. 또한 앞에서 언급했던 것처럼 실습도 매우 중요하게 된다.

다음 그림은 전략 실행에 필요한 역량을 개발하는 데 연습이 매우 중요하다는 점을 보여준다. 이 그림은 스케이트를 배우려면 많은 연습이 필요하다는 것을 보여주고 있다. 넘어지는 것은 당연한 일이고 일부러 넘어지도록 장려해야 하는데, 이러한 것들이 바로 기능을 습득하는 과정이 된다. 기능을 습득하는 가장 좋은 연습 방법은 관리자와 함께 하여 실수가 더 나은 성과로 연결되도록 관리자로부터 코칭을 받는 것이다. 또한 반복된 실습과 멘토의 지원이 역량 개발에 도움이 될 수 있다. 그 이유는 그들이 지켜보는 곳에서 실패를 느끼거나 실패에 대한 안전감을 가질 수 있다는 점이 몰입을 위해서는 필요하기 때문이다.

또 다른 사례를 보자. 캘리포니아에 기반을 둔 판다 레스토랑 그룹 Panda Restaurant Group은 9백여 개의 식당과 1만 6천여 명의 직원을 보유하고 있다. 이 그룹은 미국에서 가장 큰 중국음식점 회사이다. 적

안전한 공간에서 연습하고 실패를 경험하면 쉽게 몰입을 느낄 수 있다.

극적인 대외 확장과 성장 계획을 가진 이 회사는 비전 달성에서 큰 장애물에 직면하였다. 이 장애물은 바로 전략에 기반을 두면서 일관성 있게 목표 달성을 위한 역량을 개발하는 것이었다. 이 조직의 중요한 전략은 바로 '새로운 아시아 음식의 체험'이었다. 또한 이 회사는 고객에 대한 차별화된 서비스를 위해 직원의 능력과 행동을 개발할 수 있는 해결책이 필요하였다.

판다 그룹은 고객 서비스, 식사 준비, 식자재 안전성 등의 분야에서 직원들의 역량을 키우기 위해 40가지의 종합 역량개발 체계를 구축하였다. 이러한 체계는 책자 형식으로 된 교재와 e러닝 방식을 혼합하였다. 판다의 경영자들은 이러한 역량 개발 방법이 회사의 성장과 전략 달성에 매우 중요하다는 점을 느꼈다.

한 예로 판다는 자사 레스토랑의 아시아 음식을 체험하는 데 초점을 두고 역량을 개발하였다. 정해진 방식대로 차유멘chow mein(국수를 잘게 다진 고기와 야채를 넣어 볶은 중국 요리-역자 주)을 요리하는 것은 이러한 체험의 중요한 부분이다. 교육 과정을 통해 요리사는 안전하게 요리를 실습해 볼 기회를 얻는다. 이 요리를 실습하는 데는 식재료, 불의 온도, 요리 시간, 요리 기술 등을 정확하게 조절해야 한다. 실습을 경험한 요리사는 실제 주방에서 일할 때 동일 메뉴를 요리하기가 훨씬 쉬워진다.

이와 같은 전략적 기술의 개발은 비즈니스에 큰 효과를 안겨 주었

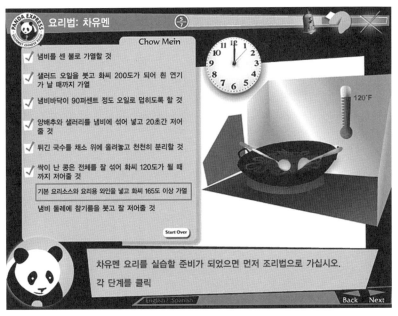

인터넷 등에 의한 실습을 통해 지식뿐만 아니라 신뢰를 줄 수 있다.

다. 이 기술에 초점을 두었던 음식점들은 연간 2천 건 이상의 추가 주문으로 이어져, 생산성 증가와 놀라울 정도의 고객 증가가 달성되었다.

또 다른 사례를 보자. 홀리데이 인 익스프레스Holiday Inn Express는 인터콘티넨탈 호텔 그룹InerContinental Hotels Group 소속으로 1,450여 개의 가맹점 호텔을 둔 회사이다. 그동안 이 회사의 역량 개발 방식은 항상 관리자에 초점을 두고 전통적 강의 형식으로 이루어져 왔다. 이 회사는 수익 성장을 목적으로 현장 직원들을 위한 역량 개발을 확대하여 가맹점들을 지원하려고 하였다.

홀리데이인은 효과적이고 일관된 학습을 위하여 30개의 e러닝 학습물들을 만들어 여러 분야의 역량 개발을 도모하였다. 이러한 학습 프로그램은 각 분야에서 최상의 업무처리 관행best practices을 찾아내어 이를 기존 업무에 통합하는 것을 목적으로 하였다. 그중 네 개의 모듈은 전반적인 전략의 핵심 측면인 수익관리를 목표로 하였다. 한 가지 구체적 전술은 바로 양방향 소통이 가능한 컴퓨터 게임을 통해서 수익성 제고 방법을 실습해 보는 것이다. 이 게임을 잘 할수록 수익성을 잘 관리할 수 있다. 구체적인 내용을 살펴보자.

이 게임은 '5개의 객실을 가진 호텔'에서 수익성과 관련한 의사결정을 하는 게임이다. 궁극적 목적은 호텔의 인구통계학적 요인, 고객 유형(레저 혹은 비즈니스), 객실 가격, 체류 기간, 체류 시기 등을 고려하여 수익을 극대화하는 것이다. 학습자는 이 변수들을 혼합하는 최적의 방법을 실험함으로써 수익성에 대한 지식과 기술을 점검할 수 있다. 이 연습을 통해 학습자는 가격을 어떻게 조정해야 하는지와 같은 기존 고민 사항들을 제대로 이해할 수 있게 되었다.

전 과정을 e러닝 학습방식과 통합하자, 이 간단한 전자게임 시뮬레이션은 객실당 수익률을 크게 높였고 숙박가동률을 증가시켰다. 객실당 수익성과 숙박가동률의 증가는 어느 호텔이든 성공을 가늠하는 두 가지 지표에 해당한다.

인터콘티넨탈 호텔 그룹의 글로벌 브랜드 관리자인 한나 칸Hannah Kahn의 말을 들어보자. "우리는 직원들이 전자게임 시뮬레이션을 통해 새로운 기술을 익히는 실습을 해봄으로써 호텔 수익성을 크게 높일 수 있었습니다. 우리는 전략실행의 중요 요인을 알아낸 것입니다."

역량 개발하기 직원	충분 (3점)	가능 (1점)	부족 (0점)
직원들은 서로간에 OJT를 중시하며 책임감있게 실행한다.			
직원들은 회사를 위한 스킬을 배양하기 위해 공식적 훈련에 참여한다.			
직원들은 회사의 전략목표달성에 적합한 훈련을 제공받는다.			
직원들은 현재의 프로젝트를 고품질로 완성하기 위한 스킬을 사용한다.			
합 계	+	+	=

자, 이제 여러분이 속한 조직의 직원들은 전략의 실행을 위해 어떻게 자신들의 능력을 개발하고 있는지 평가해 보라.

전략을 새로 짜는 것이든, 아니면 기존의 전략들에서 성과 개선이 필요한 것이든 조직의 모든 구성원들은 새로운 기술과 역량을 적극 개발해야 한다. 대부분의 조직에는 전략과 기존 훈련, 기술개발 노력을 더 잘 연관시킬 수 있는 방법들이 얼마든지 있다. 가장 효과적인 방법은 경영진들이 직원들의 행동이 전략과 더욱 일치되도록 하고, 관리자들이 직원들을 더욱 잘 몰입하도록 하며, 직원들이 새로운 기술을 충분히 실습할 기회를 갖게 하는 것이다.

아래의 점수표에서 경영자, 관리자, 직원의 역량 개발 점수를 각각 적고 그 점수들을 합산해 보라.

역량 개발하기 총 점	
경영자 정렬된 행동의 개발	
관리자 직원들과 팀의 몰입도 향상	
직원 스킬의 개발	
합 계	

만약 총점이 20~30점이면 역량개발을 잘하고 있고, 총점이 12~19점이면 역량 개발을 어느 정도 하고 있지만 개선이 필요하다고 볼 수 있으며, 총점이 12점 이하이면 직원들의 역량 개발 없이는 전략을 실행할 수 없고 원하는 결과도 달성할 수 없다.

17, 18, 19장의 끝부분에서 계산한 전체 점수를 확인하고 위의 채점표에 '동일한 눈높이 맞추기', '목표 연결하기', '역량 개발하기' 등 각 항목에 해당되는 전체 점수들을 적은 다음 그 점수들을 합산해 보라. 이 점수표를 보면 여러분이 속한 조직의 강약점을 한눈에 알아 볼 수 있고, 여러분의 팀이 조직에 대해 동일한 관점을 가지고 있는지 알 수 있다.

만일 전체 점수가 60~90점이면 축하할 일이다. 즉 이런 회사는 협력과 몰입이 잘 되어 있을 뿐만 아니라 조직의 발전을 위해 헌신적

최종 평가

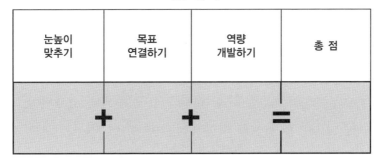

눈높이 맞추기	목표 연결하기	역량 개발하기	총 점
+	+	=	

여러분의 팀은 얼마나 몰입하는가?

조직의 전략적 몰입의 점수를 알기 위해 세 부분의 점수를 더해야 한다.

이고 열정이 있으며 동기부여도 잘 되어 있다고 할 수 있다. 전체 점수가 36~59점이면 회사의 조직 몰입 정도는 합격 수준이라고 할 수 있지만 만족스러운 수준은 아니다. 전체 점수가 36점 이하이면 가장 작은 시도조차도 실행이 어려울 것이다. 또한, 이러한 회사는 협력이 전혀 안되고 조직이 원하는 도전에 직원들이 참여하지도 않을 것이다.

이러한 기록들을 장기적으로 관리하면 전략을 잘 이해하고 전략과 일상 업무의 연관성에 의미를 부여할 수 있을 뿐만 아니라 비전을 품고 전략을 실행할 수 있을 것이다. 이러한 기록들은 또한 중요한 비즈니스 지표와 연관될 뿐 아니라 비즈니스 성공의 지표로도 사용될 수 있다.

여러분이 얼마나 전략에 몰입되어 있는지를 평가하면 자원을 어떻게 배분해야 할지에 대해서도 더 잘 알 수 있게 된다. 또한 조직이 발전하고 있는지, 혹은 어느 부분이 현상 유지가 되고 있고 어느 부분이 실패하고 있는지 등에 대해서 근거를 가지고 경영을 할 수 있게 된다. 이러한 평가들을 활용하면 조직은 직원들의 전략적 몰입을 체계적으로 관리할 수 있게 된다. 아울러 이 평가 도구를 활용함으로써 경영자는 자신의 역할을 더 잘 이해할 수 있게 된다. 경영자의 역할은 바로 직원들을 전략에 몰입시키고 이들의 업무를 평가하는 것이다. 이 평가활동을 전략 이행을 하는 데 필요한 '사람들의 상태 표시판'이라고 생각해 보라. 만약 여러분이 실행 관리를 하지 않거나, 점검 활동과 평가 활동을 하지 않는다면 1, 2, 3장에 다루었던 노력과 전략적 몰입의 절차는 헛된 수고가 될 것이다.

전략 몰입 지표

조직이 얼마나 전략에 몰입하고 있는지를 알아보려면 '전략 몰입 지표Strategic Engagement Index: SEI'를 이용하여 측정할 수 있다. SEI는 30개의 관찰 가능한 행동 지표로 구성되어 있고, 각 행동 지표들은 전략적 몰입 절차의 아홉 개의 요소로 되어 있다.

이 책의 4부에는 간소화된 SEI 방식이 있는데, 이를 사용하여 조직이 직원을 통한 전략 실행에 있어서 어떤 강약점이 있는지를 쉽게 알아볼 수 있다. SEI를 사용하여 고객을 상담할 때, 우리는 이 지표를 가지고 고객과 작업을 진행할 때에는 좀 다른 절차를 사용한다. 즉 경영자, 관리자, 직원 간의 격차에 대한 표준 비교 분석을 진행한다. 또한 우리는 조직 내의 부서, 위치, 장소 등과 같은 인구통계요인들과도 비교한다.

1. 여러분 조직의 경영자 행동은 어떻게 조직 전략과 정렬되거나 조화를 이루고 있는가? 어떤 행동이 조직 전략을 지원하고 어떤 행동이 상치되는가?

2. 경영자의 행동과 조직 전략이 서로 모순되는 현상을 그림으로 표현한다면, 어떤 모양으로 나타날 수 있는가? 그림에 어떤 말을 넣으면 등장인물들의 생각을 나타낼 수 있겠는가?

3. 비즈니스 전략 지원을 위해서는 경영자의 행동이 어떻게 서로 정렬, 조화되어야 하는가? 경영자는 어떻게 이 행동에 책임을 질 수 있겠는가?

4. 조직 전략을 팀과 개인 수준에 맞게 해석하려고 관리자들은 역량 개발에 힘쓰고 있는가? 얼마나 힘쓰고 있는가?

5. 경영자와 관리자가 직원을 어떻게 몰입시켜야 하는지를 보여주기 위하여 어떠한 영화 장면이나 사례를 활용할 수 있는가? 이러한 영화 장면이나 사례를 여러분의 비즈니스 전략에 활용시키기 위해 어떻게 관리자들을 서로 결집시킬 수 있겠는가?

6. 여러분의 조직에서 현장 직원들의 기술 훈련이 전략 실행과 어떻게 연관되고 있는가?

7. 관리자와 직원들이 새로운 기술을 습득하기 위하여 충분한 연습의 기회를 갖도록 하려면 시뮬레이션을 어떻게 활용해야 하는가?

이제 여러분의 조직에 대해 여러분이 평가한 전체적인 평가 결과와 팀원들이 평가한 결과를 비교해 보라. 어떤 부분에서 관점이 같으며, 조직의 강약점에서 어떤 부분이 의견이 같거나 다른지를 점검해 보라.

20 장

결론(학습 내용)

세계 각국의 조직들과 함께 일을 하면서 우리는 직원 몰입에 관한 교훈을 얻게 되었다. 이 교훈들은 앞에서 다룬 19개의 장에 포함되어 있으며 직원을 몰입시켜 성과 창출의 새로운 가능성을 열어줄 수 있는 가이드 형태로 구성되어 있다. 여기서 얻은 교훈들은 사람, 전략, 성과 등과 관련된 세 가지 종류로 구분될 수 있다.

사람에 대한 교훈

1. '**변화 필요성**'이 과거의 성과를 비난하는 것으로 사람들에게 비춰진다면, 사람들은 변화하려 하지 않을 것이다.

사람들은 일반적으로 변화를 좋아하지 않는다. 변화는 불편하기 때문이다. 변화는 근심을 초래하는 위험을 감수하도록 몰아가는 것이기 때문이다. 또한 변화는 우리의 자신감을 위협할 수도 있다. 해보지 못한 새로운 일을 시도할 때, 우리는 위험에 노출되는 느낌을 갖게 되어 의식적 혹은 무의식적 방어체제가 작동되게 된다.

이와 같은 것들은 경영자나 관리자가 모두 경험해 본 것이다. 변화가 도입되면 많은 이들은 먼저 이렇게 생각한다. "내가 과거에 실수를 한 것이 있나?" 사람들은 변화를 잘못을 고쳐가는 것으로 생각하기 쉽다.

경영자는 직원들에게 이렇게 말해야 한다. "변화는 기존에 한 일들이 잘못되었다는 것을 의미하는 것이 아니다. 기존의 관행이 과거에는 잘 작동되어 왔지만, 앞으로는 제대로 작동하지 않을 것이라는 점이다. 이것이 바로 변화가 필요한 근본 이유이다." 이러한 관점은 상식적이고 당연한 것처럼 보이지만, 실제로 이렇게 행하는 경우는 드물다. 하지만 의문의 여지 없이, 변화는 성공적 몰입의 첫 관문이고 이 관문은 미래를 향한 경주가 시작되기 전에 경영자와 관리자에 의해 열려야 한다.

2. 직원들은 경영자들이 내리는 결론에 수긍을 하지만, 행동은 자기 방식대로 행한다.

사람은 절대로 타인의 의견에 근거하여 자신의 결정을 바꾸지 않는다. 인간은 스스로 알아내기를 원하며 자신의 문제를 스스로 해결하기를 원한다.

그러므로 경영자는 직원이 스스로 알 수 있는 여건을 만들어 주어야 한다. 직원을 몰입시키려면, 즉 이들이 회사의 비즈니스를 신뢰하고 헌신하도록 하게 하려면, 경영자와 관리자는 직원들이 납득할 수 있는 적절한 환경을 조성해야 한다. 이것은 통합적 노력이 요구되는 절차이지 설명으로 되는 것이 아니다.

사람들이 자신의 판단을 바꾸려면 비즈니스의 본질과 스토리를 깊이 생각해 보고, 비교해 보며, 과거 알고 있던 것을 폐기하고, 재학습을 하는 것이 필요하다. 이렇게 할 때, 이들은 미래의 성공을 위한 동기요인과 연결관계 그리고 방법 등을 발견할 수 있다. 비즈니스에 대한 정보와 스토리를 점검하고 검토해 보는 기회가 있을 때, 사람들은 서로 비슷한 새로운 결론에 이르게 된다. 문제의 핵심은 사람들은 반드시 스스로 결론을 바꾸어야 하는 것이지 타인이 결론을 바꾸게 할 수는 없다는 점이다.

3. 조직전략을 모르는 직원들에게 변화에 대한 책임을 물어서는 안 되고, 이를 이해하는 직원들에게는 변화에 대한 책임을 피하게 해서는 안 된다.

미국 동부에 있는 어느 대형 금융서비스업체의 CEO가 인터뷰하는 것을 본 적이 있다. 왜 많은 시간과 돈을 들여 직원들의 조직 전략 이해도 제고에 투자하는지를 리포터가 물었다. "이런 투자가 왜 중요하다고 생각하십니까?", "이런 투자가 충분한 효과가 있다고 증명할 수 있는 측정 방법이 있나요?"

그러자 CEO가 대답하였다. "우리는 수천만 달러를 광고와 마케팅에 투자합니다. 대부분은 단지 필요하다고 믿고 투자하지요. 경쟁사들이 움직이면 우리도 덩달아 하는 경우가 많습니다. 사실 우리는 투자를 통해 무엇을 얻는지 정확하게 모르는 경우가 많아요. 하지만 내가 확신하는 것은 직원들이 전략에 대해 생각하게 하려면 이들에게 전체 스토리를 들려주어야 합니다. 생각하려면 배경에 대한 설명이 필요합니다. 직원들은 이해하지 못하는 전략을 실행할 수가 없습니다. 경험에 의하면, 직원들이 전략을 제대로 이해한다면 우스꽝스러운 '책임 서약서'에 서명하게 할 필요도 없지요. 만약 이들이 전략을 제대로 이해한다면 책임을 회피할 수가 없기 때문입니다."

4. 직원들이 새로운 시도를 시작하려면 그전에 기존의 시도를 중단하게 해야 한다.

적절하게 몰입하고 있는지를 체크할 수 있는 최고의 질문은 바로 다음과 같은 것이다. "지난 두 달 동안 이제 더 이상 하고 있지 않은 업무들은 어떤 것입니까?" 쓸모없는 과거의 활동을 그대로 유지하면서 새로운 전략을 실행하기는 어렵다. 우리는 모두 습관의 산물이고 안전에 민감한 피조물이기 때문이다. 또한 버리는 것에 매우 인색하다. 그래서 중요한 것을 빠뜨릴까 봐 기존의 관행을 그대로 유지하는 경향이 있는 것이다.

직원들이 더 이상 불필요한 활동을 하지 못하게 하려면 허락이 필요하다. 명확한 허락이 없으면 직원들은 계속 과거에 해왔던 불필요한 일을 계속할 것이다. 하지만 별로 쓸모없는 반복적 활동을 점검할 수 있는 기회를 직원들에게 준다면, 이들은 주저없이 전체 업무시간의 30퍼센트 정도를 소비하는 쓸데없는 활동들을 걸러낼 것이다. 나무를 가지치기했거나 차고의 잡동사니를 정리하는 것처럼, 불필요한 활동들을 '정리하는 것'은 성장에 도움이 된다. 이러한 불필요한 활동은 그만해도 괜찮다고 직원들에게 명료화시켜주는 것이 필요하다.

전략에 대한 교훈

5. 전략은 목적을 가진 모험이다.

경영자들에게 다음의 두 가지 질문을 할 때, 어떤 답이 나올지 생각해 보라.

"여러분의 회사 전략은 무엇입니까?"

"여러분의 회사가 모험을 거는 일은 무엇입니까?"

훌륭한 경영자에게 이러한 질문을 했을 때, 대답의 차이는 매우 클 것이다. 우리가 부딪쳐야 할 진실은 전략이 그대로 표현되든 해석되어 표현되든 모두 생동감이 없다는 사실이다. 더욱 나쁜 것은 전략은 항상 전문용어로 표현되어 직접 참가한 사람들이 아닌 보통 직원들은 이해하기가 어렵다는 것이다. 그러나 모험은 어떠한가? 모험은 흥미로운 것이다. 몰입된 경영자는 드라마틱한 스토리를 이야기하고 직원들은 그의 생동감 있는 설명과 몸짓으로부터 그가 얼마나 열정을 가지고 있는지를 알 수 있다.

전략도 제대로 공유되기만 한다면 매우 모험적일 수 있다. 전략을 실행하는 과정에는 잘 해내는 사람도 있고 그렇지 못한 사람도 있다. 그리고 그 과정에는 고난과 좌절, 장애물들이 가득하고 또한 성공과 실패, 목표 재설정하기 등도 있다. 이러한 것들은 직원들에게 실제적이고 생생한 감명을 준다. 전략 이야기는 잘 구성하면 함께 하고 싶은 모험이 되는 것이다. 즉 큰일에 참여하고 소속감을 느끼며 개인의 노력이 어떻게 조직의 성공에 기여하는지를 알게 되는 모험이 될 수 있는 것이다.

6. 전략을 실행하려면, 조직의 현 상황에 대한 솔직한 평가와 명확한 비전이 필요하다.

조직이 과거 성공한 경험을 가지고 있으면 변화 니즈는 덜 시급한 것처럼 보일 수 있다. 그러나 과거의 성공방식이 미래에도 먹힌다는 보장은 없다. 그럼에도 불구하고 대부분의 조직들은 그것에 대해 솔직하게 검토하지 않을 뿐더러 비전을 명확하게 하고 있지도 않다.

여기서 중요한 두 가지 단어는 '솔직성'과 '명료성'이다. 솔직성은 시장, 전략, 문화, 경영자의 행동 등 현실을 용감하게 직면하는 것을 의미한다. 경영자의 가장 중요한 책임은 '현실'에 대한 정확한 정의를 내리는 것이다.

'명료성'은 비전을 확립하고 일치시키는 것과 연관된다. 이러한 비전은 개인적 희생을 마다하지 않고, 소비자를 소중히 하며, 직원에게 목적 의식을 심어주고, 투자자에게 성과를 주는 것이어야 한다. 명료성이 중요한 이유는 바로 이것이 경영자로 하여금 공동의 목표를 확실히 정의하도록 만들기 때문이다. 그런 의미에서 경영자는 모든 직원들이 똑같이 전략에 몰입해야 한다.

7. 경영자는 전략을 그릴 때, 사소한 부분을 그려내기 어렵다는 것을 안다.

아인슈타인은 사소한 부분에 대해 잘 안다. 그는 말했다. "그 사소한 부분을 쉽게 설명할 수 없다면 그것을 잘 모르는 것과 같다." 비즈니스에서 사소한 요소들은 대부분 전략에서 다루어지지 않아 모호성을 높이고 명료하지 않게 남아 있다. 불행하게도 이러한 현상은 대부분 조직에 널리 존재한다.

명료성은 매우 중요하지만 홀대를 받고 있는 것이다. 즉 새로운 방향, 새로운 목표, 새로운 역할, 새롭게 요구되는 행동 등을 설명할 때 명료성은 그렇게 중요하게 다루어지지 않았다.

시각화 방식이 필요한 것은 바로 이 때문이다. 그림은 간단하고 명료한 효과를 줄 수 있고 생각을 정리시킨다. 아주 구체적으로 깊이 생각해 보지 않으면 생동감 있는 그림을 그릴 수 없다. 시각화는 우리 생각의 거울이 되어 우리의 아이디어가 완전한지 아닌지를 보여주는 것이다.

전략이 명확하지 않아 그림으로 표현할 수 없다면 직원에게 그 전략을 보여주거나 직원들을 그 전략에 몰입시킬 수 없다. 만약 경영자가 전략을 그림으로 표현하도록 요구되는 상황에서 그림을 잘 그려낼 수 없다면 그와 같은 현상은 경영자가 "아직 너무 소소한 부분 때문에 우리의 전략을 가시화할 수 없어서, 직원들에게 제대로 보여줄 수 없을 것 같군요."라고 말하는 것 이상이 되는 것이다.

8. 훌륭한 코미디언이 전략가보다 더 가치가 있을 수 있다.

사람들이 아이디어와 개념(전략에서처럼)을 이해할 수 있도록 연결할 때 코미디언은 진짜 전문가 역할을 할 수 있다. 코미디언은 자신들의 경험, 느낀 감정과 좌절, 인생의 굴곡에서의 대응 방식 등을 관중들에게 잘 전달하는 재능이 있다. 간단하게 말하면, 코미디언은 관중들의 상황을 잘 이해하는 것이다. 코미디언과 관중과의 이러한 연계성 때문에 관중들은 마음의 문을 열고 코미디언과 함께 하기를 원하며, 결국 그 이야기에 이끌려서 같은 결론을 내리게 되는 것이다.

한편으로 관중과의 연계성이 없어 재미를 주지 못하는 코미디언처럼, 직원들과의 연계성이 없는 전략가들은 이들을 몰입시키는 데 크게 실패할 것이다. 전략이란 본질적으로 아직 존재하지 않는 것들을 다루는 것이다. 직원들이 전략에 몰입하려면 믿음이 필요하다. 경영자는 직원들을 설득하여 이들이 전략에 대한 믿음이 생기도록 도와야 한다. 이렇게 하기 위하여 경영자는 현장에 가서 직원들을 만나 어떻게 전략에 맞게 행동해야 하는지를 지도해야 한다. 코미디언과 관중처럼, 경영자는 직원들과 신뢰 관계가 형성되고 이들을 의미 있고, 목적 있는 전략적 삶으로 인도해야 한다.

9. '둘 중 하나' 방식에서 벗어나, '둘 다'를 함께 추구해야 한다.

앞에서 말한 바 있듯이, 모순된 상황은 조직을 후퇴하게 할 수도 있고 발전하게 할 수도 있다. 패러독스를 경험한 어떤 회사의 사례를 보자. 잘 알려진 이 업체에는 7개의 주요 소비자 집단이 있었는데, 각 집단별로 원하는 가치가 달랐다.

이 회사 직원들이 직면한 패러독스는 바로 이것이었다. "우리의 미래에 더 중요한 것은 무엇인가? 대량 구매고객인가 아니면 고수익성 제공 고객인가?" 일부 직원들은 수익이 없으면 비즈니스가 없기에 단순 판매 확대 대신 수익성 제고에 주력해야 한다고 주장하였다. 다른 직원들은 시장점유율이 높지 않으면 산업 내 위치가 위태로울 수 있으므로 수익을 희생하더라도 판매를 늘려야 한다고 주장하였다. 이 문제는 양자택일의 문제가 아니라 동시 추구의 문제라는 점을 발견하고 나서야 논쟁은 끝났다. 판매량 제고와 수익 창출은 동시에 실현 가능하다. 이 회사의 직원들은 대량 구매고객으로부터 수익을 높이면서도 고가 구매고객의 수를 동시에 늘릴 수 있다는 점을 이해하게 되었다. 수익이냐 매출이냐의 문제는 단순히 택일해야 하는 사항이 아닌 동시추구 사항이라는 점을 이 회사의 구성원들이 이해하게 되면서 지속적인 일상 업무 개선이 3만여 명 직원들의 관심사가 되었다.

10. 대화는 변화를 이루는 산소 같은 요인이다.

조직을 바꾸고 높은 성과를 달성하는 가장 효과적 방법은 대화방식을 바꾸는 것이다. 조직은 대화 방식의 변화를 통해 새로운 전략을 잘 실행할 수 있다. 여러분이 기억하고 있듯이 대화의 핵심 부분에서 조직 구성원들은 대화를 통해 서로의 의미를 주고받음으로써 진실을 발견하거나 드러낼 수 있다. 대화는 생각을 확장해 주는 것이요, 학습은 생각을 필요로 하는 것이다.

대화는 보이지 않는 장벽과 숨겨진 것들을 드러내주며 더 좋은 해결책을 제공한다. 따라서 변화를 실행하려면 대화 방식을 바꾸어야 하는데, 이는 경영자로부터 시작해야 한다.

다양한 팀원들로 구성된 소집단에서의 대화는 무언가를 발견하기를 좋아하는 어린아이 같은 호기심에 다시 불을 붙이도록 도움을 줄수 있다. 기존의 생각을 점검하고 타인의 경험에서 배우며 실수에 대한 두려움에서 벗어날 때, 우리는 생각과 행동을 변화시키는 아이디어를 자유롭게 찾을 수 있다. 이것은 대화가 있어야만 가능하다.

11. 경쟁력은 총명한 소수의 사람들 학습 속도에 의해서가 아니라, 평범한 다수의 학습과 실행 속도에 따라 결정된다.

이 말은 명백한 사실처럼 보일 수 있다. 그러나 그 뜻을 이해하지 못하면 조직은 원래의 궤도에 머무를 수밖에 없게 된다. 이 현상을 그림으로 설명해보라. 회사의 고위 경영자는 산을 오르고 있고 나머지 구성원들은 산 훨씬 아랫부분인 베이스캠프에 있다. 이 경우에 조직은 전반적으로 어느 위치에 있는 것일까? 아마 경영자가 있는 위치에 있다고 볼 수는 없고 다수와 함께 산 밑의 캠프에 있다고 말할 수 있을 것이다. 경영자가 얼마나 앞서 갔느냐가 중요한 것이 아니라, 경영자가 전체 직원들을 이끌고 얼마나 전진하였느냐가 중요한 것이다. 조직의 전반적인 성과는 앞서가는 사람들이 아니라 뒤처진 사람들에 의해 측정된다.

사실 경영자들은 몰입과 실행보다 개념이 앞서가는 경우가 더 많다. 경영자는 수개월 동안 여러 가지 방안과 가능성을 고려하고, 비교 및 선택하는 과정을 거쳐 최종 전략을 수립한다. 그런 다음 최종 전략을 잘 다듬고 포장하여 전체 직원들에게 공표한다. 그러고 나서 왜 직원들이 새로운 전략에 대해 흥미를 느끼지 않는지 의아해 한다. 그러나 직원들은 새로운 전략을 잘 이해하지 못하기 때문에 그 중요성을 깨닫지 못한다. 경영자는 혼자서 산봉우리에 오르지 말고 산 밑에 내려와서 직원들을 이끌고 같이 올라가야 한다.

12. 성공은 소수의 사람들에게서 좋은 해답을 찾는 것이 아니라, 모든 사람들이 좋은 질문을 하는 것이다.

비즈니스에는 어떤 흥미진진한 TV 시리즈물보다 더 많은 드라마가 존재한다. 경영자가 부딪치는 도전은 직원들을 어떻게 그 드라마에 몰입시키느냐 하는 것이다. ABC 방송 드라마 〈로스트Lost〉는 많은 호기심을 끄는 주제로 시청자들을 사로잡았다. 비행기 사고 생존자로 등장하는 배우들과 그 프로그램의 시청자들은 매주 수많은 질문을 하면서 현재 진행중인 이야기와 다음 이야기가 어떻게 전개될지 추측해본다. 비즈니스에서도 마찬가지라면 경영자는 직원들이 시나리오를 읽도록 해서 그와 같은 드라마에 빠져들게 하는 것이 좋을 것인가, 아니면 흥미를 자아내는 질문을 통하여 직원들의 의견을 유도하는 것이 좋을 것인가?

성공은 훌륭한 질문을 통해 이루어진다. 질문을 활용하면 깊은 통찰력과 더욱 효과적인 문제 해결 방안을 얻을 수 있다. 이렇게 비즈니스 이야기를 지속적으로 전개하려면 경영자는 올바른 질문들과 답변들을 계속해서 이끌어 낼 수 있는 질문들을 예측하고 찾아내어야 한다.

어느 대형 설비제작업체는 산업 합병과 그에 따른 유통 경쟁 상황에 대해 직원들에게 의사소통하는 것이 필요하였다. 우리가 이 회사를 도와 직원들이 정확한 결론을 얻으려 할 때, 한 경영자가 말하였다. "우리 직원들이 정확한 답을 얻지 못하면 어떻게 됩니까?" 나는 되물어 보았다. "정확한 답이란 것이 뭐죠? 그 답이 얼마나 정확할 수 있을까요?" 그러자 그 경영자는 잠시 생각하고 나서 말했다. "소수의 직원들이 최선의 답을 찾아내는 것이 중요한 것이 아닌 것 같군요. 변화하는 비즈니스의 본질과 그에 따르는 우리의 역할에 대해 훌륭한 질문을 하는 것이 더 중요한 것 같습니다."

우리가 가장 크게 잊고 있는 것은 "인간이란 우리를 위해 일한다."는 것이다. 아무리 훌륭한 전략이라도 사람들이 그것을 수용하지 않고 그것에 몰입하지 않는다면 모든 것이 헛될 수밖에 없다. 하지만 1장에서 예를 든 핫도그 이야기처럼, 구성원들이 그 게임에 진정으로 몰입해 있다면 조직 분위기가 활기차게 되고 사람들은 비즈니스라는 게임을 위해 기다릴 필요가 없게 된다. 지식과 실천을 통해서 사람들을 가능성의 세계로 지속적으로 연결하는 다리를 놓는 일은 우리 모두에게 달려 있다. 이를 위해서는 누군가가 일깨워주기를 기다리는 사람들의 잠재 역량을 개척하는 것이 필요하다고 할 수 있다.

참고문헌

Bossidy, Larry, Ram Charan, and Charles Burck. *Execution: The Discipline of Getting Things Done.* New York: Crown Business, 2002.

Callahan, Tom. "Simply the Best." *Time*, March 18, 1985.

Covey, Stephen M. R., with Rebecca R. Merrill. *The Speed of Trust: The One Thing That Changes Everything.* New York: Free Press, 2006.

Denning, Stephen. *The Leader's Guide to Storytelling: Mastering the Art and Discipline of Business Narrative.* San Francisco: Jossey-Bass, 2005.

Kaplan, Robert S., and David P. Norton. *The Balanced Scorecard: Translating Strategy into Action.* Boston: Harvard Business School Press, 1996.

Norman, Donald. *The Design of Everyday Things.* New York: Basic Books, 2002.

Senge, Peter M. *The Fifth Discipline: The Art and Practice of the Learning Organization.* New York: Doubleday, 2006.

Shapiro, Benson P., V. Kasturi Rangan, and John J. Sviokla. "Staple Yourself to an Order." *Harvard Business Review,* July-August 1992.

Teerlink, Rich, and Lee Ozley. *More Than a Motorcycle: The Leadership Journey at Harley-Davidson.* Boston: Harvard Business School Press, 2000.

Tracy, Brian. *Goals! How to Get Everything You Want-Faster Than You Ever Thought Possible.* San Francisco: Berrett-Koehler, 2003.

Note: For further reading on learning processes, please see The Power of Learning by Klas Mellander.

찾아보기

지은이 **짐 호던** Jim Haudan

루트 러닝(Root Learning)사 CEO이며, 20여 년 동안 사람들과 조직을 도와 그들이 깊이 몰입함으로써 숨은 역량을 최대한 발휘하도록 돕는 일을 하고 있다. 코치와 학교행정 업무에서 출발하여 비즈니스 학습, 즉 전략에 사람들을 몰입시킴으로써 실질적인 결과는 만드는데 초점을 둔 회사를 공동 설립하였다.
루트 러닝사의 고객인 스타벅스, 아이비엠, 다우케미컬, 펩시, 퍼스트에너지, 뱅크오브아메리카, 힐튼호텔 등에서 리더십과 전략개발, 몰입, 학습가속화 등의 강연활동과 비즈니스 출판활동을 활발하게 하고 있다.

옮긴이 **(주) 포엠아이컨설팅** (POMIC, POSCO Management & Innovation Consulting Co.)

포엠아이컨설팅은 포스코 계열회사로서 경영혁신과 인재양성을 위한 교육 및 컨설팅 활동을 전개하고 있다. 역량개발, HR, 조직문화, 변화관리, 6시그마, TRIZ, VP(Visual Planning) 등의 분야에서 국내 최고 수준의 현업 실무경험과 이론을 겸비한 전문 인력으로 구성되어 국내외에서 활발한 활동을 전개하고 있다.

박래효

현재 포엠아이컨설팅의 컨설팅사업본부장을 맡고 있다. 한양대학교 산업공학과를 졸업하였으며 GS칼텍스에서 HR, 노사, 혁신 분야에서 종사하였다. 전남대학교에서 경영학박사 학위를 취득한 후, 뉴욕주립대학교에서 조직연구활동을 수행하였다. 〈긍정조직학〉, 〈세계 초우량 기업들의 리더십개발과 조직혁신〉, 〈유쾌한 변화경영〉 등을 번역하였으며, 집단심리 및 사회정체성을 중심으로 한 다수의 학술연구 논문을 발표하였다.

이금희

현재 한국외국어대학교 글로벌경영대학 전임강사로 재직중이다. 동북사범대와 연변과기대를 졸업하고, 미국 Liberty University와 Southern Illinois University에서 Communication 전공으로 각각 학사, 석사학위를 받았다. 이화여자대학교에서 경영학박사 학위를 취득하였고, 현대경제연구원과 포엠아이컨설팅에서 연구활동을 수행하였다. "조선족과 한족 노동자들의 한국에서의 직업/문화적응에 관한 연구: ERG이론을 중심으로" 등 논문을 발표하였다. 연구분야는 이문화 적응, 이문화 커뮤니케이션 등이다.

김영천

현재 포엠아이컨설팅의 컨설팅사업본부에서 수석컨설턴트로 재직하고 있다. 홍익대학교 경영학과를 졸업하고 동 대학원에서 경영학석사와 박사학위를 취득하였다. 포항공과대학교 인문사회학부 교수 및 동 대학 리더십센터 부센터장을 역임하였다. 〈전략적 리더십의 비밀〉 등 저서와 20여 편의 논문을 국내외 학술지에 발표하였으며, 최근에는 POSCO 및 POSCO 계열사들을 대상으로 HRM 및 HRD 분야의 컨설팅과 교육을 주로 수행하고 있다.

몰입과 소통의 경영

2010년 6월 10일 초판 발행
2013년 5월 10일 개정판 발행

지은이 | 짐 호던
옮긴이 | 박래효 · 이금희 · 김영천
펴낸이 | 이종헌
만든이 | 최윤서
펴낸곳 | 가산출판사
주 소 | 서울시 서대문구 충정로2가 37-18
　　　　　TEL (02) 3272-5530~1
　　　　　FAX (02) 3272-5532
등 록 | 1995년 12월 7일(제10-1238호)
E-mail | gasanbook@empas.com

ISBN 978-89-6707-003-8 03320